낭송

한비자

낭송Q 큰글자책 시리즈 제자백가편 04

낭송 한비자

발행일 초판2쇄 2022년 12월 26일(壬寅年 壬子月 癸丑日)
지은이 한비 | **풀어 읽은이** 구윤숙
펴낸곳 북드라망 | **펴낸이** 김현경 | **주소** 서울시 종로구 사직로8길 24 1221호(내수동, 경희궁의아침 2단지) | **전화** 02-739-9918 | **팩스** 070-4850-8883 | **이메일**
bookdramang@gmail.com

ISBN 979-11-90351-74-4 04150 979-11-90351-59-1(세트)

책으로 여는 지혜의 인드라망, 북드라망 **www.bookdramang.com**

낭송
Q
큰글자책 시리즈

제자백가편
04

낭송
한비자

한비
지음

구윤숙
풀어
읽음

고미숙
기획

티

▶낭송Q 큰글자책 시리즈 『낭송 한비자』 사용설명서◀

1. '낭송Q'시리즈의 '낭송Q'는 '낭송의 달인 호모 큐라스'의 약자입니다. '큐라스'(curas)는 '케어'(care)의 어원인 라틴어로 배려, 보살핌, 관리, 집필, 치유 등의 뜻이 있습니다. '호모 큐라스'는 고전평론가 고미숙이 만든 조어로, 자기배려를 하는 사람, 즉 자신의 욕망과 호흡의 불균형을 조절하는 능력을 지닌 사람을 뜻하며, 낭송의 달인이 호모 큐라스인 까닭은 고전을 낭송함으로써 내 몸과 우주가 감응하게 하는 것이야말로 최고의 양생법이자, 자기배려이기 때문입니다(낭송의 인문학적 배경에 대해 더 궁금하신 분들은 고미숙이 쓴 『낭송의 달인 호모 큐라스』를 참고해 주십시오).

2. 낭송Q시리즈는 '낭송'을 위한 책입니다. 따라서 이 책은 꼭 소리 내어 읽어 주시고, 나아가 짧은 구절이라도 암송해 보실 때 더욱 빛을 발합니다. 머리와 입이 하나가 되어 책이 없어도 내 몸 안에서 소리가 흘러나오는 것, 그것이 바로 낭송입니다. 이를 위해 낭송Q시리즈의 책들은 모두 수십 개의 짧은 장들로 이루어져 있습니다. 암송에 도전해 볼 수 있는 분량들로 나누어 각 고전의 맛을 머리로, 몸으로 느낄 수 있도록 각 책의 '풀어 읽은이'들이 고심했습니다.

3. **낭송Q 큰글자책 시리즈**는 고령자와 저시력자를 위해 낭송Q 시리즈 책들의 활자와 판형의 크기를 키워서 제작한 시리즈입니다. 낭송Q 큰글자책 시리즈에서는 기존에 출간된

낭송Q 시리즈의 책들을 책의 성격에 따라 재배치하여 독자들이 관심 있는 분야의 고전들을 쉽게 찾아 읽을 수 있도록 하였습니다. 아래의 목록을 참조하셔서 낭송할 큰글자책 고전을 골라 보시기 바랍니다.

> ▷ **판소리편** :『낭송 춘향전』,『낭송 변강쇠가/적벽가』,『낭송 흥보전』,『낭송 토끼전/심청전』,

> ▷ **동의보감편** :『낭송 동의보감 내경편』,『낭송 동의보감 외형편』,『낭송 동의보감 잡병편 (1)』,『낭송 동의보감 잡병편 (2)』

> ▷ **고전소설편** :『낭송 삼국지』,『낭송 홍루몽』,『낭송 서유기』

> ▷ **제자백가편** :『낭송 도덕경/계사전』,『낭송 장자』,『낭송 열자』,『낭송 한비자』

4. 낭송은 최고의 휴식입니다. 소리의 울림이 호흡을 고르게 하고, 곧이어 몸과 마음이 평온해집니다. 혼자보다 가족과 친구, 연인과 함께하시면 더욱 효과가 좋습니다. 또한 머리맡에 이 책을 상비해 두시고 잠들기 전 한 꼭지씩만 소리 내어 읽어 보세요. 불을 끄고 자리에 누워서는 방금 읽은 부분을 낭송해 보세요. 개운한 아침을 맞을 수 있을 것입니다.

5. 이 책『낭송 한비자』는 종철(鐘哲)이 점교(點校)한『한비자』(韓非子; 中華書局, 1998)의 발췌 편역본입니다.『한비자』의 원 체재는 이 책 말미에 실려 있습니다.

차 례

『한비자』는 어떤 책인가

법을 따르라?
법을 세우라!

한비는 왜 법가가 되었을까

공자가 말하는 인의仁義는 고상하고 아름답다. 묵자墨子가 말하는 겸애兼愛는 따뜻하고 소박하다. 손자孫子가 말하는 병법은 힘차고 멋지다. 그렇다면 한비韓非가 말하는 법술은法術은 어떠한가? 차갑고 인정머리 없다!

『한비자』에 이런 이야기가 나온다. 한韓나라 군주가 술에 취해 선잠에 들었는데, 머리에 쓰는 관冠을 담당하는 이가 군주가 추울까 염려하여 옷으로 덮어 주었다. 군주가 깨어난 뒤 관을 담당하는 사람은 죽이고 옷을 담당하는 사람에겐 벌을 주었다. 한 사람은 자기 직분을 넘어섰고, 다른 한 사람은 자기 일에 태만했기 때문이다. 매정해 보이지만 둘 다 처벌하지 않으면 나라가 위태롭게 된다. 이게 한비와 법가의 세계다. 이렇게 매정한데 왜 우리는 『한비자』를 읽고, 법가에게 배워야 하는가?

한비가 나고 자란 때는 전국시대戰國時代, 말 그대로 전쟁이 판치던 시대다. 강한 신하가 약한 군주를 시해하고, 강한 나라가 약한 나라를 잡아먹는 시대. 그때 그는 작고 힘이 없는 한韓나라의 귀족으로 태어

났다. 그런데 하필 당시 한나라는 가장 강하고 맹렬한 기세로 정복전쟁을 벌이고 있는 진秦나라 바로 옆에 있었다. 좋은 말로 하면 군사 요충지요, 나쁜 말로 하면 천하가 달려들어 차지하려고 하는 위험한 땅이다.

그런 때에, 그런 곳에서, 한나라 왕은 다른 나라의 힘을 빌려 진나라에 맞서거나, 진나라를 사대하여 나라의 멸망을 막아 보고자 했다. 한비가 보기에 터무니없는 일이었다. 현실을 직시하고 강해지는 법을 배워야 했다. 무엇을 배워야 하는가? 당연 가장 강한 진나라의 방법을 따라야 한다. 그곳에 법가가 있었다.

진나라의 법은 상앙商鞅으로부터 시작된다. 상앙은 위衛나라 출신으로 진나라 효공孝公에게 등용되어 강력한 법을 만들었다. 이에 진나라가 천하를 제패할 기틀을 세웠다. 작은 나라든 큰 나라든 살기 위해 법을 배워라! 한비의 마음은 조급하고, 그의 말은 절절하다. 한비처럼 자기 시대를 난세라고 생각하고 강자가 되고 싶은 사람은 누구나 한비에게 배워야 한다. 그런데 당시 한비의 말은 그가 원하는 사람의 귀에 닿지 않았다.

한비, 너는 누구냐

사마천의 『사기』에 따르면 한비는 말더듬이였다고 한다. 그것이 사실이든 설정이든 한비의 운명을 생각하면 참으로 그럴듯하다.

청년 시절 한비는 한나라 왕에게 절절한 편지를 보냈다. 간신들을 조심하고, 외세에 의지하지 말고, 상과 형벌을 바로하여 부강한 나라를 만드시라고. 이 모든 것을 한마디로 요약하는 말이 바로 '법'法이다. 법을 바로 세우라! 그러나 그의 말은 간신들에게 가로막혀 왕에게 들리지 않았다.

그런데 한비의 글이 세상에 알려져 진시황이 그를 보고자 했다. 진시황은 한나라를 군대로 위협하며 한비를 사신으로 보낼 것을 요구했다. 한비는 그렇게 진나라에 입성하게 된다. 그러나 진시황 곁에 있던 이사李斯가 자기보다 뛰어난 한비가 왕을 만나는 것을 꺼려하였다. 하여 한비가 진나라에 도착하자마자 그에게 사약을 보내 한비를 죽였다. 그리고 얼마 후 한나라는 천하를 차지하러 나선 진시황의 첫 먹잇감이 되었다.

사마천은 이사가 한비를 속여 스스로 사약을 마시

게 했다고 전한다. 한비를 죽인 이사. 그 역시 법가로서 한비와 동문수학한 사이였다. 이렇게 친구에게 가로막혀 한비의 말은 진시황에게 닿지 않았다.

이처럼 한비의 말은 번번이 군주에게 닿지 않는다. 그는 말을 해도 상대의 귀에 닿지 않는 말더듬이였던 것이다. 그러나 그의 글은 너무도 매끄럽다.

한문에 정통하신 나의 선생님의 말을 빌리면 한비의 문장은 세련되고 아름답다. 조금만 마음을 내어 읽어 보면 한문에 입문한 지 얼마 되지 않은 사람도 느낄 수 있을 정도다. 비유가 절묘하고, 구절마다 쓰인 글자 수도 일정하여 대구가 딱딱 맞는다. 비슷한 뜻을 가진 글자들을 적절하게 배치하여 미묘한 차이들을 드러낸다. 때문에 그 뉘앙스를 살려 번역하는 것은 거의 불가능하다. 논리는 또 얼마나 치밀한가! 한 단계 한 단계 자기 주장에 가닿을 때까지 치밀하게 증명을 해 나가니 잠시 정신을 놓으면 어지러울 정도다. 그럼에도 지루하지 않다. 한비가 예로 드는 이야기가 역사와 민담을 넘나들며 아주 풍부하기 때문이다.

한비의 글을 읽노라면 그가 말더듬이였다는 게 오히려 이해가 된다. 이렇게 한 자 한 자 가려 쓰는 사람이 어찌 말을 청산유수로 내뱉을 수 있었겠나. 말이란 건 '아' 다르고 '어' 다르며, 유세가란 말 한마디에 죽고 살 수 있다는 걸 꿰뚫어 보고 있었으니, 한비는 말더듬이가 될 수밖에 없었다. 게다가 그가 말하고 싶은 대상은 오직 군주였다. 한 글자 한 글자, 오랜 시간 동안 두들기고 다듬어서, 보석을 만들고 보검을 벼려 내듯 쓰지 않을 수 없었다.

보검처럼 연마한 글, 원석처럼 귀한 이야기

『한비자』의 원문은 아주 간결하고 깔끔하다. 한비의 성격, 법가의 냉엄함이 느껴질 정도다. 이 책 『낭송 한비자』는 그중 일부를 발췌하여 엮은 것인데 안타깝게도 번역과 윤문 과정에서 불가피하게 문장이 길어지게 되었다. 최대한 원문의 분위기를 살리되, 주석 없이 읽을 수 있고, 소리 내어 읽었을 때 최대한 의미가 잘 들어오도록 의역하고 다듬었다.

한비의 사상을 말할 때 중요하게 다뤄지는 편들을 중심으로 법가의 사상이 잘 드러나는 문장들을 골랐다. 한비가 청년시절에 왕에게 쓴 분기 어린 편지들을 가장 앞에 놓았고, 정치론과 법에 대한 사상을 보여 주는 편들과 후기에 지어진 명문장들 순으로 배치했다. 한비와 도가道家의 연결지점을 보여 주는 『노자』老子를 해석한 편들은 싣지 않았다. 연구자들에겐 중요하겠지만 낭송과 맞지 않는다고 생각했기 때문이다.

대신에 한비가 정성껏 모아 둔 민담과 역사적 일화들을 마지막에 담았다. 시집가는 딸에게 "남의 집 며느리가 되어 쫓겨나는 일은 보통이요, 끝까지 사는 일은 우연이다"라고 하며 '비자금'을 마련하라고 충고하는 아버지, 옆집 담장이 무너진 걸 보고 도둑이 들지도 모른다고 충고했다가 진짜 도둑이 들자 의심을 받게 된 사람 등등 재미난 일화들이 많다. 짧지만 강렬한 일화들은 아주 사소한 곳에서 인간의 마음이 어떻게 움직이는지를 극명하게 보여 준다. 별것 아닌 듯 보이지만 저잣거리의 이야기야말로 정치인들이 꼭 알아야 할 인간의 심리를 품고 있는 원석인 것이다.

이런 이야기들을 읽다 보면 역으로 한비가 얼마나 많이 떠도는 이야기들에 귀를 기울였을지 상상하게 된다. 한비도 누군가에게 전해들은 이야기들을 기반

삼아 자신의 사상을 키운 것이다. 이로써 보건대 한비에게 정치란 세상의 이야기에 귀를 기울이는 것에서 시작하여, 말 그대로 심리心理를 파악하고, 그것에 맞는 법을 세우는 것이었다. 고대의 이야기는 물론 지금 사람들의 이야기를 잘 듣지 않는다면 좋은 정치는 고사하고 나라를 지킬 수도 없다. 하여 그는 재미난 이야기들을 모아, 세상 이야기를 가장 잘 들어야 함에도 아무 소리도 못 듣고 있는 한 남자에게 들려준다. 그가 바로 왕이다.

『한비자』, 제왕에게 바치는 책

『한비자』에 담긴 글들은 모두 왕을 향해 쓴 글이다. 예화들을 모아 놓은 자료집 성격의 글들도 결국은 왕에게 바치는 글에 쓰려고 모아 둔 것이니 『한비자』 전체가 왕을 위한 책이라 해도 과언이 아니다.

왜 하필 왕인가? 『한비자』를 처음 읽었을 땐 그것이 못마땅했다. 그런데 여러 번 읽다 보니 그의 통곡이 들리는 듯했다. 아무도 믿지 않은 채 오직 홀로 어지러운 시대를 뚫어 보려는 고독한 지식인의 목소리를 들었다면 과언일까.

　한비가 보기에 세상의 온갖 사람들은 다 이익을 쫓고 고통을 멀리한다. 유가가 말하는 천명과 인간의 선한 본성도 그는 믿을 수가 없었다. 노자의 말마따나 천지는 불인不仁하다. 어떤 나라가 강해지고 약해지는지는 인의仁義와는 상관없다. 그런데도 인의 도덕을 앞세우는 건 사람들을 속이는 것이다. 아무리 참혹할지라도 세상의 모습을 직시하라! 한비는 가장 높은 곳에 앉은 군주를 끔찍하고 매정한 이 세상으로 안내한다.

　한비는 왕에게 측근들은 물론이요, 한 침상을 쓰는 왕비와 혈육인 아들마저 믿을 수 없다고 강조한다. 가까울수록 오히려 더 위험하다. 백성 역시 마찬가지다. 누구도 세금을 알아서 내지 않으며, 누구도 전쟁터에서 그냥 죽어주지 않는다. 사람은 믿을 수 없다. 이것이 한비가 상과 벌을 쥐고 법으로 명확히 하라고 거듭 강조하는 이유다.

　그런데 한비의 사상이 더욱 비정한 것은 그가 그렇게 열심히 글을 바치는 왕조차 믿고 있지 않다는 것이다. 한비의 말을 빌리면 왕도 그저 평범한 사람일 뿐이다. 그래서 한비는 법을 세워야 했다. 이 지점이 바로 한비의 매력이다.

『한비자』에는 법을 세우라는 말은 있어도, 어디 있는 좋은 법을 가져다 쓰라는 말은 없다. 신하와 백성들이 법을 따르게 만들라는 말은 있어도, 남이 세운 법에 복종하라는 말은 없다. 나라가 크든 작든 당신 스스로 남에게 지배받지 않는 왕으로 남으려면 자신만의 법을 만들라! 왕도 평범한 인간이지만 스스로 법을 만들고 엄격하게 지켜 나간다면 왕 노릇을 할 수 있다. 이것이 평범한 우리에게 한비가 던져주는 왕이 되는 방법이다. 그러니 이제 우리도 자신의 삶의 주인이 되어서 내 안의 소인배를 다스릴 법을 만들어 보자!

법, 날카로운 칼의 기운

한데 법이란 본디 끊고 맺는 기운을 쓰는 것이다. 왕이 절대 놓으면 안 되는 덕(포상)과 형(형벌)을 한비는 이병二柄이라 하였는데, 이때 병柄 자가 이르는 말이 자루(손잡이)라는 뜻이다. 날카로운 칼의 손잡이를 쥐고 필요 없는 것을 잘라내는 것을 법의 역할이라고 본 것이다. 하여 이 『낭송 한비자』는 금金기운을 담당하는 '서백호'편에 묶여 있다.

필요 없으면 잘라내는 칼과 같은 법. 혹자는 이를 두고 냉혹하다 할지 모르겠다. 그러나 천지자연을 둘러보면 전혀 그렇지가 않다.

마구 자란 가지를 자르지 않으면 나무가 몸통째 쓰러지고, 가을에 나뭇잎을 떨어뜨리지 않으면 겨울에 나무는 얼어 죽는다. 뭔가 감당할 수 없을 만큼 큰 호황을 만났을 때, 닥쳐올 큰 위기를 대비할 때, 우리에게 필요한 것이 바로 금의 기운이다. 법이 바로 그런 역할을 해줄 것이다.

하여 벌이는 일은 많지만 끝맺음을 못하는 사람들에게 『낭송 한비자』를 권한다. 또는 온갖 착한 일을 하느라 정신없이 바쁘다가, 정작 민폐 캐릭터가 되고 마는 선한 사람들에게 권한다. 주체 못할 만큼 번다한 삶에 기준을 세우고, 남의 명령과 부탁에 이끌리는 수동적인 삶에 종지부를 찍어 보자. 잠시라도 틈을 보이면 여지없이 베어지는 난세에서, 예리하게 벼려 낸 한비의 날카로운 문장이 우리에게 금의 기운을 전할 것이다.

낭송Q 큰글자책 시리즈
제자백가편
낭송 한비자

1부
왕에게 보내는 청년 한비의 편지

1-1.
말하는 것의 어려움

저에게는 말한다는 그 자체가 어려운 것이 아닙니다. 그럼에도 말하기를 망설이는 이유가 있습니다.

하는 말이 유창하고 거침없이 이어지면 화려할 뿐 알맹이가 없어 보입니다. 말이 착실하고 정중하며 빈틈없고 강직하면 도리어 서투르고 산만해 보입니다. 인용을 자주 들면 말이 길어지고, 비슷한 사례들을 열거하여 비교하면 속이 비고 쓸모없어 보입니다. 요점만 간추려서 그 대강을 직설적으로 간결하게 말을 하면 미련하고 화술이 부족해 보입니다. 상대에게 바싹 붙어 마음을 떠보는 듯이 말을 하면 외람되고 염치없게 보입니다. 말이 넓고 크고 깊고 고상해서 헤아릴 수 없으면 과장되고 쓸모없어 보입니다. 작은 이익까지 계산하여 세심하게 말을 하고, 구체적인 수치를 따져 가며 거듭해서 말을 하면 치사하다 여깁니다. 세속적인 말솜씨로 상대방의 뜻에 맞춰 거슬리는 일이 없으면 목숨을 보존하려 아첨한다 여깁니다. 세속적인 말을 피해 유별나게 말을 하여 이목을 끌게 되면 무책임하고 허황되다 여깁니다. 기민하게 말을 꾸미며 수사가 뛰어나면 현학적인 말이라고 여깁니다. 학문적인 문장 없이 본심만 질박하게 말을 하면 미천하다 여깁니다. 『시경』詩經과 『서경』書經을 인용하며 지난 일을 예로 들면 외기만 잘한다고 여깁니다. 이것이 바로 신臣 한비韓非가 말하기를 어렵게 여기며 깊이 근심하는 까닭입니다.

이런 이유로, 말의 법도가 비록 바르더라도 반드시 받아들여지는 것은 아니며, 말의 조리가 비록 완벽하더라도 반드시 쓰이는 것은 아닙니다. 만약 대왕께서 위와 같은 이유로 유세가를 믿지 않게 되면, 작게는 그의 말이 남을 헐뜯는 비방이라 여기실 것이며, 크게는 그에게 재앙과 죽음을 내리실 것입니다.

과거에 오자서伍子胥는 좋은 계책을 냈지만 오왕吳王에게 죽임을 당하였고, 중니仲尼: 공자는 말을 잘했지만 광匡 땅 사람들에게 포위당했으며, 관이오管夷吾: 관중는 진정 현명하였으나 노魯나라에서 옥에 갇혔습니다. 이 세 사람이 어찌 현명하지 않았겠습니까? 이는 세 군주가 현명하지 못했기 때문입니다.

그 옛날 탕湯임금은 지극한 성인이며, 이윤伊尹은 지극히 지혜로운 사람입니다. 그러나 이윤이 뛰어난 지혜로 칠십 번이나 유세해도 등용되지 못했습니다. 그리하여 몸소 솥과 도마를 잡고 주방 일을 맡아 하며 친근하게 된 뒤에야 비로소 탕임금이 그의 현명함을 알아보고 등용하였습니다. 지극히 지혜로운 자가 지극히 현명한 임금을 설득해도 반드시 채택되는 것은 아니라는 말은 이윤과 탕임금을 가리키는 것입니다. 지혜 있는 사람이 어리석은 임금을 설득한다 하여도 반드시 그 말이 채택되는 것은 아닙니다. 문왕文王이 주紂를 설득하려던 것이 그 예입니다. 문왕이 주를 설득하니 주는 그를 가두었습니다. 주에게 간언諫言하다 익후翼侯가 화형을 당하였고, 귀후鬼侯는 시신이 저며져 말려지는 형벌을 받았고, 비간比干은 심장이 찢겼으며, 매백梅伯은 죽어 소금에 절여졌습니다.

관중은 몸이 묶인 채 환공에게 인도되었고, 조기曹羈는 진陳으로 도망쳤고, 백리해百里奚는 길에서 구걸했고, 부열傳說은 날품팔이를 다녔으며, 손빈孫臏은 위魏 땅으로 불려갔다 두 다리를 잘렸습니다. 오기吳起는 안문岸門 땅에서 눈물을 닦으며 서하西河 땅을 진秦나라에 빼앗길 것이라 통탄하였으나 끝내는 초楚나라에서 사지가 찢겼습니다. 공숙公叔이 위나라 혜왕에게 국정을 맡기라고 상앙을 추천했으나 도리에 어긋난다며 받아들이지 않았습니다. 이에 상앙은 진秦으로 도망쳤습니다. 관용봉關龍逢은 참수를 당하였고, 장굉萇宏은 창자가 토막났고, 윤자尹子는 가시 구덩이 속에 던져졌고, 사마자기司馬自期는 살해되어 강물에 띄워졌으며, 전명田明은 갈갈이 찢기었습니다. 복자천宓子賤과 서문표西門豹는 싸우지도 않았는데 남의 손에 죽었으며, 동안우董安于는 죽어서 저자에 걸렸습니다. 재여宰予는 전상田常에게 죽임을 당했으며, 범저范雎는 위魏에서 갈빗대가 부러졌습니다.

이상의 십여 인은 모두 다 현인이며 신실하고 어진데다 도에 맞고 능력있는 인사인데, 불행히도 못나고 어리석은 군주를 만나 목숨을 잃었습니다. 이와 같이 현인들과 성인들도 죽임과 곤욕을 피할 수 없는 까닭이 무엇이겠습니까? 어리석은 자를 설득하기 어렵기 때문입니다.

그런고로 군자는 말하는 것을 어렵게 여기는 것입니다. 더욱이 지극한 말은 귀에 거슬리고 마음에 맞지 않아 현인과 성인이 아니라면 바로 듣지 못합니다. 바라옵건대 대왕께서는 이를 깊이 살피시옵소서._난언(難言)

1-2.
사랑하는 신하를 경계하라

총애받는 신하들이 지나치게 가까우면 반드시 그 군주가 위태로워집니다. 큰일을 맡은 중신이 지나치게 높아지면 반드시 그 군주를 갈아 치울 것입니다. 정부인과 첩 사이에 차등이 없어지면 반드시 적자嫡子가 위태로워집니다. 군주의 형제들이 복종하지 않으면 반드시 사직社稷을 위태롭게 만듭니다.

신이 듣기로, 천승千乘의 나라를 가진 제후가 경계하지 않으면 반드시 곁에 있는 백승百乘의 신하가 민심을 이끌고서 나라를 기울게 하고, 만승萬乘의 나라를 가진 천자가 경계하지 아니하면 반드시 곁에 있는 천승千乘의 제후가 위세를 부리면서 그 나라를 넘어뜨립니다. 그리되면 간신들이 불어나고 군주는 쇠망합니다. 그런 까닭에 제후의 영토가 확대되면 천자에게 해가 되고, 신하들이 지나치게 부유하면 군주에게 해가 됩니다.

장수와 재상이 군주를 현혹하고 사가私家를 융성하는 것이야말로 군주가 물리쳐야 할 일입니다. 만물 중에 군주의 몸보다 귀한 것이 없고, 군주의 자리보다 높은 것이 없으며, 군주의 권위보다 중한 것이 없고, 군주의 세력보다 성대한 것이 없습니다. 이 네 가지 좋은 것은 밖에서 구하지 않고 남에게 청하지 않아도 두루두루 살펴보면 얻을 수 있습니다. 그런 고로 군주가 자기 부富를 능히 쓰지 못하면 나라 밖에서 생을 마친다고 합니다. 군주 된 자는 이것을 꼭 기억해야 합니다.

그 옛날 은殷나라 주왕紂王의 멸망이나, 주周나라의 쇠약함은 모두 당시 제후들의 땅이 넓어졌기 때문입니다. 진晉나라가 분할되고 제齊나라가 왕위를 빼앗긴 것은 모두 신하들이 지나치게 부유해졌기 때문입니다. 연燕나라와 송宋나라에서 군주가 시해弑害를 당한 것도 다 비슷한 경우입니다. 위로는 은·주에 비추어 보고, 중간에는 진·제에 비추어 보며, 아래로는 연·송에 비추어 보더라도 위와 같은 연유에서 비롯되지 않은 것이 없습니다.

현명한 군주는 신하를 길들일 때 철저하게 법으로써

견제하고 미리미리 잘못을 바로잡습니다. 죽을 죄를 사면하지 아니하고 형벌을 줄여 주지 않습니다. 죽을 죄를 사면하고 감형을 하는 것은 권위가 흔들리는 원인입니다. 그리되면 사직은 장차 위태로워질 것이며 국가의 권력은 신하에게 치우치게 됩니다. 그러한 까닭에 대신의 봉록을 아무리 크게 해도 도성의 세금을 걷는 권한은 주지 않으며, 이끄는 무리가 아무리 많다 해도 국가의 병사들을 부릴 수 있는 권한은 주지 않습니다.

그런 까닭에 신하된 자가 국정을 맡았을 때 사가私家에서 조정 일을 할 수 없게 하며, 군의 통수권을 받더라도 사적으로 외국과 관계할 수 없게 하며, 재정을 담당해도 사적으로 빌려 줄 수 없게 합니다. 이것이 현명한 군주가 신하의 부정을 금지하는 방책입니다. 또한 신하가 길을 다닐 때는 군용 수레가 그를 경호할 수 없게 하고, 무장한 호위 무사가 수레에 함께 타지 않게 합니다. 파발을 전할 만큼 급한 일이 아닌데도 무기를 수레에 싣고 달린다면 사형에 처하고 용서하지 말아야 합니다. 이것이 현명한 군주가 예측할 수 없는 변을 대비하는 방법입니다. _애신(愛臣)

1-3.
영원히 강한 나라도 없고,
영원히 약한 나라도 없다

영원히 강한 나라도 없고, 영원히 약한 나라도 없습니다. 법을 집행하는 자가 단단하면 나라는 강성하고, 법을 집행하는 자가 약하면 나라는 약해집니다.

초楚나라 장왕莊王은 남의 나라를 병합한 것이 스물여섯이나 되고, 땅을 개척한 것이 사방 삼천 리나 되었습니다. 그러나 장왕이 죽어서 사직을 보존하지 못하게 되자 초나라는 멸망에 이르게 되었습니다.

제齊나라 환공桓公은 남의 나라를 병합한 것이 서른이나 되고, 땅을 개척한 것이 사방 삼천 리나 되었습니다. 그러나 환공이 죽어서 사직을 보존하지 못하게 되자 제나라는 멸망에 이르게 되었습니다.

연燕 소왕昭王은 황하黃河를 국경으로 하고, 계薊 땅을 도읍으로 삼고, 탁涿과 방성方城 땅에 성을 쌓아 둘렀으며 제나라를 침략하고 중산中山을 평정했기에 연의 도움을 받는 나라는 중시되고 연과 관계 맺지 못한 나라는 경시되었습니다. 그러나 소왕이 죽어서 사직을 보존하지 못하게 되자 연나라는 멸망하였습니다. 위魏나라의 안리왕安釐王은 조趙나라를 구원하기 위해 연나라를 공격하여 하동河東 땅을 빼앗았습니다. 제나라로 쳐들어갈 때는 도陶·위衛 땅을 전면적으로 공격하여 평륙平陸 땅을 차지했습니다. 한韓을 공격할 때는 관管 땅을 쳐서 기성淇城 아래에서 승리를 거두었습니다. 수양睢陽 땅의 전투에선 초나라 군대가 지쳐서 달아났고, 채蔡와 소릉召陵 땅의 전투에선 초군이 대패하였습니다. 위나라의 병력이 천하 사방에 이르니 그 위세가 중원에 가득했습니다. 그러나 안리왕이 죽자 위나라는 멸망에 이르게 되었습니다.

초 장왕과 제 환공이 있을 때엔 초나라와 제나라가 패업霸業을 이룩할 수 있었으며, 연 소왕과 위 안리왕이 있을 때엔 연나라와 위나라가 강성할 수 있었습니다. 오늘날 그 모든 나라들이 망해 가고 있는 것은 신하들과 관리들이 나라를 어지럽히는 일에 힘을 쓰고, 나라를 다스리는 일에 힘을 쓰지 않기 때문입니다. 나라가 어지럽고 약한데도 모두가 국법을 버려두고 법 밖에서 사사로이 이익[利]을 취합니다. 이는 마치

땔나무를 짊어진 채 불을 끄러 달려드는 것과 같으니 나라는 더욱 어지럽고 약해질 것입니다. 지금과 같은 때에 사적인 비리를 척결하고 공법公法으로 이끈다면, 백성들은 편안하고 나라는 다스려질 것입니다. 사적인 행동을 멈출 수 있고 공적인 법을 행할 수 있다면 병력은 강해지고 적은 약해질 것입니다. 법도로 정한 바를 잘 지키는 사람을 신중하게 가려 내어 여러 신하들의 윗자리에 둔다면 군주가 거짓말에 속지 않을 것입니다. 일의 경중을 잘 저울질하는 사람을 신중하게 가려 내어 외교를 맡긴다면 군주가 천하 여러 나라들의 세력 관계를 잘못 알지 못할 것입니다._

유도(有度)

1-4.
사사로이 충신을 죽이면
유능한 신하가 몸을 숨긴다

만약 평판만으로 그 능력을 판단하여 높은 관직을 주면 신하들은 윗사람을 떠나 아랫사람과 패거리를 만들 것입니다. 만약 당파에 따라 관리를 등용하면 백성들이 사사로운 교제에 힘을 쓸 뿐, 법에 따른 임용을 준비하지 않을 것입니다. 그리하여 실력 있는 관리들이 없어지면 나라는 어지러워질 것입니다. 평판이 좋다 하여 상을 주고, 비방을 당한다 하여 벌을 주면, 상을 좋아하고 벌을 싫어하는 사람들이 공적인 일은 버려두고 사사로운 술수를 부리며 서로 무리 짓고 감싸줄 것입니다. 그렇게 군주를 잊고 조정 밖에서만 교제하고 자기 무리만을 추천하면, 군주를 위하는 아랫사람의 충정이 얇아질 것입니다. 교제가 넓어지고 무리가 많아져 조정 안팎에 붕당이 생기면 큰 허물이 있어도 은폐되는 경우가 많습니다. 그렇게 되면 충신은 죄 없이도 위태롭게 되고 죽임을 당하며, 간신은 공 없이도 편안을 누리고 이익을 챙깁니다. 충신이 죄 없이도 위태롭게 되고 죽임을 당하면 유능한 신하들은 몸을 숨길 것입니다. 그러나 간사한 신하들은 공도 없으면서 안전하게 이익을 챙기고 높은 자리에 진출하게 됩니다. 이것이 나라가 멸망하게 되는 근본원인입니다.

이리되면 신하들이 국법은 버려두고 사사로이 권세를 부리면서 법을 경시하게 됩니다. 권세가의 집안에는 빈번하게 다니면서 군주의 조정에는 발을 대지 않고, 권세가의 집안일은 백방으로 살피면서 군주의 나랏일은 생각조차 않습니다. 이렇게 되면 거느리는 관리들이 비록 많다 해도 군주의 권위는 높아지지 않습니다. 백관의 직책들이 비록 갖춰 있다 해도 나랏일 하는 데는 도움이 되지 않습니다. 그렇다면 비록 군주에게 군주라는 명목이 있더라도 실제로는 신하들의 사가에 의지하고 있는 것과 같습니다.

그러므로 신은 말합니다. 망해 가는 나라의 조정에는 사람이 없습니다. 조정에 사람이 없다고 하는 것은 신하들의 숫자가 줄었다는 뜻이 아닙니다. 대부들은 자기의 부를 채우는 데 힘쓸 뿐 나라를 부유하게 하는 데는 힘을 쓰지 않고, 대신들은 자기 지위를 높이느라 힘쓸 뿐 군주의 존귀함은 신경 쓰지 않고, 하급관리들은 봉록에 매달려 관계를 넓힐 뿐 맡은 일은 소홀이 합니다. 이렇게 되는 까닭은 군주가 위에서 법에 따라 형벌을 재단하지 않고 신하가 하는 대로 맡겨 두기 때문입니다.

현명한 군주는 법이 사람을 뽑도록 하고 자기가 임의로 등용하지 아니하며, 법으로 그 공적을 헤아리고 자기가 임의로 판단하지 않습니다. 그러면 능력 있는 사람들이 묻혀 있을 수 없고 능력 없는 사람들이 실력을 꾸밀 수 없습니다. 칭찬을 받았다 하여 천거되지 않고 비방을 받았다 하여 물러나게 하는 일이 없으면 군주와 신하 사이의 변별이 분명해져 나라가 다스려집니다. 이처럼 군주는 법에 비추어서 일을 처리하면 됩니다.

어진 사람이 남의 신하가 되어 임금을 바라보는 자리에 앉아 폐백을 바치고 나면 두 마음을 가지지 않습니다. 조정 일에 있어서는 하찮은 자리라고 그만두지 아니하고, 전쟁터에 나가서는 위험한 과제라고 피하지 않습니다. 위에서 하는 일을 따르고 군주의 법을 따르며, 사심은 버리고 명령을 기다리며 사사로이 시비를 판단하지 않습니다. 그러므로 입이 있어도 사사로이 말을 하지 않고 눈이 있어도 사사로운 것을 보지 않아서 상전이 모든 일을 마음대로 할 수 있습니다. 비유하자면 남의 신하된 자는 몸에 달린 손과 같아서 위로는 머리를 다듬고 아래로는 발을 손질합니다. 손은 싸늘할 때도 따뜻할 때도 차가울 때도 뜨거울 때도 몸에 옷을 입히는 수고를 하지 않을 수 없고, 명검 막야鎮鋣가 몸을 내리치면 감히 막지 않을 수 없습니다.

현명한 군주는 어질고 슬기로운 신하라 해도 사사로이 가까이하지 않고, 능력 있는 선비라 해도 사사로이 만나지 않습니다. 그러면 백성들이 자기 고을을 떠나 친분을 쌓으러 멀리 가지 않아서 백 리 밖에는 아는 친척이 없습니다. 귀한 자와 천한 자가 높은 신분을 넘보지 않고, 어리석은 자와 지혜로운 자가 걸맞은 자리에 서게 되면, 이를 가리켜 통치의 극치라 합니다. _ 유도(有度)

1-5.
법에 따라 다스리면 나랏일이 쉬워진다

작위와 봉록을 가볍게 여겨 쉽게 나라를 버리고 떠나며, 군주를 가려 가며 벼슬하려는 자들을 강직하다고 할 수 없습니다. 말을 꾸미고 법을 어기며, 군주의 뜻을 거슬러 강하게 간언하는 자들을 충직하다고 할 수 없습니다. 은택을 베풀어 아랫사람들의 마음을 잡아 명성을 얻으려는 자를 인자하다고 할 수 없습니다. 세속을 떠나 은거하면서 거짓을 꾸며 군주를 헐뜯는 자를 의인이라 할 수 없습니다.

어떤 사람은 밖으로는 제후들을 사주하고 안으로는 국력을 소모하며, 위험한 시기를 엿보아 험상궂게 군주를 위협하며 말합니다. "제후들과의 사귐은 내가 아니면 해낼 수 없고, 그 원한은 내가 아니면 풀 수 없다." 그리하여 군주가 그를 믿고 모든 나랏일을 그에게 맡깁니다. 그러면 군주의 명성은 떨어지고 그의 몸은 드러나니 나라의 재물을 헐어서 사가의 이익을 채우는 것입니다. 그런 신하를 지혜롭다 할 수 없습니다.

이 몇 가지 덕목들은 난세에나 있을 법한 이론이며 선왕의 법으로는 물리쳐야 할 것들입니다. 선왕의 법에 이런 말이 있습니다. "신하가 위엄을 세워서도 아니 되고 이익을 꾀하여도 아니 된다. 군주의 의향대로 따르라. 신하가 나랏일에 애정을 드러내도 아니 되고 증오를 드러내도 아니 된다. 왕의 방식대로 따르라." 이처럼 옛날에 세상이 잘 다스려졌을 때에는 사람들이 공적인 법도를 받들고 사적인 술수를 버리고, 마음과 행동을 하나로 하여 자질을 충분히 갖추고서 군주가 부르기를 기다렸습니다.

군주가 되어서 백관이 하는 일을 몸소 다 살피려 한다면 시간이 부족하고 능력도 미치지 못할 것입니다. 또한 군주가 자기 눈으로 직접 보려고 하면 신하는 보기 좋게 겉만 꾸밀 것이고, 군주가 자기 귀로 직접 들으려 하면 신하는 듣기 좋게 소리를 꾸밀 것이며, 군주가 자기 생각으로 직접 판단하려고 하면 신하는 그럴듯한 언변을 늘어놓을 것입니다. 옛 선왕은 이 세 가지가 부족하다고 여겼기에 자신의 능력을 놓아두고 법술에 따라 상벌을 분명히 하였던 것입니다. 선왕이 그 핵심을 지켰기 때문에 누구든 그 법을 보면 어길 수가 없었습니다. 그리하여 혼자서도 온 천하를 지배할 수 있었습니다. 총명한 사람일지라도 속임수를 쓸 수 없고, 영리한 사람일지라도 꾸며낸 말을 할 수 없으며, 간사한 사람일지라도 의지할 데가 없었습니다. 천 리 밖에 있는 사람들도 다른 사람의 선행을 가리거나 자기 비행을 숨길 수 없었습니다. 조정에서는 여러 신하들이 군주에게 제각기 모여들어 직접 만날 수 있었으며, 낮은 직분의 사람들도 남의 권한을 넘보지 않았습니다. 군주의 정무가 많지 않고 시간 여유가 있는 것은 군주가 법의 원리를 따르기 때문입니다.

남의 신하된 자가 그 군주의 권한을 침범하는 것은 마치 여행길에 지형을 따라가는 것과 같습니다. 조금씩 변해 가고 있는 동안 군주는 방향감각을 잃게 되어 동쪽과 서쪽이 바뀌어도 자신은 알지 못합니다. 그러므로 옛 선왕은 지남침을 만들어서 동서 방향을 정확히 바로잡았던 것입니다. 따라서 현명한 군주는 여러 신하들이 법 밖에서 제멋대로 생각하지 못하게 하고, 법 안에서 사사로이 혜택을 베풀지 못하게 합니다. 법에 의거하지 않은 행동이 없게 하는 것입니다.

법이란 죄를 막고 사심이 드러나지 못하게 하는 것이며, 엄한 형벌이란 명령을 시행하고 아랫사람들을 응징하는 수단입니다. 권위는 두 사람이 나눌 수 없고, 통제권은 남과 함께 쓸 수 없습니다. 권위와 통제권을 신하와 함께 쓰면 사악한 자들이 늘어나고, 법을 확실히 하지 못하면 군주의 앞길이 위태롭고, 형벌이 단행되지 않으면 삿된 무리들을 이길 수 없습니다. 그러므로 "능숙한 목수는 눈으로만 보아도 먹줄을 곧게 맞추지만 반드시 먼저 곱자로 측정하며, 지혜가 뛰어난 자는 재빨리 일을 처리해도 일을 그르치지 않지만 반드시 선왕의 법에 비추어서 생각한다"고 합니다. 이와 같이 먹줄을 곧게 하면 굽은 나무도 곧게 자를 수 있고, 수준기를 놓으면 높고 낮은 표면도 평평하게 깎을 수 있고, 저울대에 추를 걸면 무게의 균형을 잡을 수 있으며, 말[斗]로 분량을 재면 많고 적음을 고르게 파악할 수 있습니다.

이와 같이 법을 가지고서 나라를 다스리는 것은 참으로 쉽습니다. 법은 귀한 사람이라 하여 아첨하지 않고 먹줄은 나무가 휘었다 하여 구부러지지 않습니다. 법을 적용하는 데 있어서 꾀를 가지고 변명할 수 없으며 용기가 있다 해도 감히 다툴 수 없습니다. 죄가 있으면 중신이라 해도 벌을 피할 수 없고, 공이 있으면 서민이라 하여도 상을 주지 않을 수 없습니다. 따라서 높은 자리에 있는 자의 잘못을 바로잡고 아랫사람의 사악함을 경계하고, 얽힌 것을 풀고 꼬인 것을 분별하고, 넘치는 것을 제거하고 어긋난 것을 가지런하게 하여, 민이 지킬 규범을 하나로 하는 데는 법보다 좋은 것이 없습니다. 관리를 독려하고 백성을 위압하고 음란하고 위태로운 자들을 물리치고 속임수를 못 쓰도록 하는 데는 형벌만 한 것이 없습니다.

형벌이 무거우면 높은 사람이 낮은 자를 얕보지 못하며, 법이 분명하면 아랫사람이 윗사람의 존엄을 침범하지 않습니다. 윗자리가 존엄해져 침해받지 않으면 군주의 자리도 강해져서 그 위엄을 지킬 수 있는 것입니다. 그러므로 선왕이 이를 귀중히 여겨 후세에 전한 것입니다. 그러나 군주가 법을 버려두고 사사로이 움직인다면 위아래 구별이 없게 될 것입니다. _유도

(有度)

1-6.
거북점은 믿을 것이 못 된다

거북의 등딱지에 구멍을 뚫고 구워 점을 치고, 시초
점蓍草占을 쳐보아서 점괘가 '대길'大吉이라고 나오자
조나라가 연나라를 공격했습니다. 마찬가지로 거북
의 등딱지에 구멍을 뚫고 구워 점을 치고 시초점을
쳐보아서 점괘가 '대길'이라고 나오자 연나라도 조나
라를 공격했습니다.

장수 극신劇辛은 연나라를 섬겼으나 공도 이루지 못
하고 사직을 위태롭게 만들었고, 음양가인 추연鄒衍
도 연나라를 섬겼지만 공도 없이 나라가 나아갈 길이
끊어졌습니다. 반면에 조나라는 먼저 연나라를 공격
하여 그 뜻을 이룬 뒤에 제나라를 쳐서 바라는 바를
얻었습니다. 나라 안은 어지러웠으나 기세가 높아져
서 스스로 진秦나라와 대적할 수 있을 거라 여겼습니

다. 이는 조나라의 거북이 신통하고 연나라의 거북이 속인 것이 아닙니다.

조나라가 또 거북점을 치고 산가지를 헤아려서 북쪽으로 연나라를 정벌하고, 연나라를 협박하여 진나라를 막아 보려 했습니다. 점을 치니 '대길'이라고 나왔습니다. 처음 조나라가 대량大樑 땅을 공격했을 때는 진나라가 상당上黨으로 진출했고, 조나라의 군대가 이釐 땅에 이르렀을 때는 진나라가 조나라의 여섯 성을 점령했습니다. 조나라가 양성陽城 땅에 이를 무렵에는 진나라가 조나라의 업鄴 땅을 함락시켰고, 조나라 장수 방원龐援이 부대를 되돌려 남쪽으로 돌아왔을 때는 조나라의 성채가 전부 넘어갔습니다. 그래서 신은 "조나라의 거북점이 비록 멀리 있는 연나라에 대해서는 미리 알지 못했더라도, 가까이 있는 진나라에 대해서는 미리 알았어야 한다"고 말합니다.

진나라는 '대길'이라는 점괘를 가지고 영토를 넓히는 실리를 얻었고, 연나라를 구했다는 명망도 얻었습니다. 그러나 조나라는 '대길'이라는 점괘가 나왔지만 영토를 뺏기고 군대는 치욕을 당했고, 그 군주는 뜻을 이루지 못하고 죽었습니다. 이 또한 진나라의 거북이 신통하고 조나라의 거북이 속인 것이 아닙니다. 처음엔 위魏나라가 수년 동안 동쪽으로 출병하여 정도定陶와 위衛 땅을 차지하였으나 여러 해에 걸쳐 서쪽으로 진군한 것 때문에 나라를 잃었습니다. 이것은 풍륭豊隆·오행五行·태일太一·왕상王相·섭제攝提·육신六神·오괄五括·천하天河·은창殷搶·세성歲星과 같은 별들이 수년 동안 서쪽에 있었기 때문이 아니며, 또 천결天缺·호역弧逆·형성刑星·형혹熒惑·규성奎星·태성台星과 같은 별들이 여러 해 동안 동쪽에 있었기 때문도 아닙니다.

그러므로 "거북점이나 산가지, 귀신에 기대어서 승리를 거둘 수 있는 것이 아니며, 하늘의 별에 맞춰 좌우 대오를 정렬한다고 반드시 승리를 거둘 수 있는 것도 아니다. 그럼에도 이에 의지한다는 것은 매우 어리석은 일이다"라고 하는 것입니다. _ 식사(飾邪)

1-7.
귀신 대신 법을 받들어라

옛날의 선왕들은 온힘을 기울여서 백성을 가까이하고, 거듭 노력하여 법도를 밝혔습니다. 그 법도가 분명하면 충신들이 힘써 일하고, 형벌이 반드시 행해지면 간신들이 사라질 것입니다. 충신이 힘을 다하고 간신배들이 사라지면 영토가 넓어지고 군주가 존귀해지니, 진秦나라가 바로 그러합니다.

신하들이 붕당을 만들어 패거리를 이루면 정도正道를 가리고 사사로이 행동합니다. 그러면 영토가 깎이고 군주가 비천해지니, 함곡관 동쪽에 있는 여섯 나라 연, 제, 조, 한, 위, 초가 바로 그러합니다. 어지럽고 약한 나라가 망하는 것이 일반적인 이치라면, 잘 다스려지는 강한 나라가 천하를 얻는 것은 예로부터 내려온 법칙입니다.

월越왕 구천句踐은 거북점의 점괘만 믿고 오나라와 전쟁을 벌였다가 이기지 못하였고, 자신은 신하의 신분이 되어 오나라에 벼슬살이하러 들어갔습니다. 이후에 자신의 나라로 돌아와 거북점을 버리고 법을 밝히면서 백성들을 가까이하였습니다. 그러고서 오나라에 보복하니 부차夫差가 도리어 포로가 되었습니다.

귀신을 섬기는 자는 법률을 등한시하고, 다른 제후에게 의지하는 자는 그 나라를 위험하게 합니다. 조曹나라는 제齊나라에 의지하면서 송宋나라의 말을 듣지 않았는데, 제나라가 초楚나라를 공격하는 틈을 타서 송나라가 조나라를 멸망시켰습니다. 초나라가 오나라에 의지하면서 제나라의 말을 따르지 않았는데, 월나라가 오나라를 공격하자 제나라가 초나라를 멸망시켰습니다. 허許나라는 초나라에 의지하면서 위魏나라의 말을 듣지 않았는데, 초나라가 송나라를 공격하자 위나라가 허나라를 멸망시켰습니다. 정鄭나라는 위나라에 의지하면서 한韓나라의 말을 듣지 않았는데, 위나라가 초나라를 공격하자 한나라가 정나라를 멸망시켰습니다.

지금 한韓은 작은 나라인데 대국에 기대고 있습니다. 임금께서는 느긋하게 진나라와 위나라의 명을 듣고, 제나라와 초나라에 의지하며 움직이니, 작은 나라가 점점 쇠망하게 되는 것입니다. 다른 사람에 의지해서는 영토를 넓힐 수 없다는 것을 한나라는 알지 못합니다.

초나라가 한나라를 구한다는 명목으로 위나라의 허許와 언鄢 땅으로 병사를 진출시키고, 제나라가 임任과 호扈 땅을 공격하여 위나라의 땅을 빼앗아도, 한나라는 수도 정鄭을 보존할 수 없습니다. 그럼에도 한나라는 이를 깨닫지 못합니다. 이것은 모두 법률과 금령을 밝히며 나라를 다스리지 않고 외세에 의존하였기 때문에 나라를 멸망시키는 것입니다. 그러므로 신은 말합니다. "군주가 통치술에 밝으면 나라가 비록 작더라도 부유해집니다. 상벌을 신중하게 하면 백성이 비록 적더라도 강해집니다."

상벌에 원칙이 없으면 나라가 비록 크더라도 군사는 약해지고, 땅은 그의 땅이 아니게 되며, 백성도 그의 백성이 아니게 될 것입니다. 땅이 없고 백성이 없으면 요·순이라도 왕이 될 수 없고, 하夏·은殷·주周 삼대의 왕조라도 강해질 수 없을 것입니다. 그런데 군주가 과하게 상을 내리고, 신하들은 하는 일 없이 상을 받습니다. 또 법률을 버리고 선왕이나 현명한 군주들의 공적을 말하는 사람이 있으면 군주는 그에게 국정을 위탁합니다. 그러므로 신은 말합니다. "이것은 옛

공덕을 돌아보며, 옛날에 상을 주는 방식대로 요즘 사람에게 상을 주는 것입니다."

군주가 이렇게 과하게 상을 내리면 신하들은 하는 일 없이 상을 받습니다. 군주가 과하게 상을 내리면 신하들은 더욱 요행을 바라게 됩니다. 신하들이 하는 일 없이 상을 받으면 공적이 있어도 존중받지 못할 것입니다. 공적이 없는 자가 상을 받으면 국고가 줄어들고 백성들은 원망을 품게 될 것입니다. 국고가 축이 나고 백성들의 원망이 늘어나면 백성들은 나라를 위해 힘을 다하지 않을 것입니다.

그런 까닭에 군주가 과하게 상을 내리면 백성을 잃게 되고, 형벌이 지나치면 백성들이 두려워하지 않게 됩니다. 상이 있더라도 백성들이 힘써 일하게 만들 수 없고, 형벌이 있더라도 백성들에게 어떤 일을 금지시킬 수 없을 것입니다. 그렇게 되면 나라가 비록 크다고 해도 반드시 위태롭게 됩니다. _식사(飾邪)

1-8.
작은 충성으로는 나라를 지킬 수 없다

신은 이렇게 말합니다. "작은 지혜를 가진 사람과 더불어 국정을 계획할 수 없고, 작은 충성을 가진 사람에게는 법을 주관하도록 할 수 없습니다."

초나라 공왕恭王과 진晉나라 여공厲公이 언릉에서 전투를 했는데, 초나라 군대가 패하고 공왕은 부상을 입었습니다. 전쟁이 격렬해질 무렵, 사마자반司馬子反이 목이 말라 물을 찾자 시종 곡양이 술을 따라 그에게 올렸습니다. 자반이 "치워라. 이것은 술이다"라고 하였습니다. 그런데 곡양이 "술이 아닙니다"라고 하자 자반이 그것을 받아 마셨습니다. 자반은 본디 술을 좋아하는 사람이라, 좋은 술을 맛보자 그것을 입에서 뗄 수가 없어서 마침내 취해 잠이 들어 버렸습니다.

그때 공왕이 다시 싸울 작전을 상의하려고 사람을 보내 자반을 불러오게 했습니다. 자반은 가슴이 아프다며 못 간다고 했습니다. 그러자 공왕이 수레를 타고 그를 보러 왔습니다. 자반의 막사에 들어서자 술 냄새가 코를 찔렀으므로 공왕이 돌아나와 이렇게 말했습니다.

"오늘 전투에서 나는 눈에 부상을 입었고, 믿을 사람은 사마뿐이었는데 그 역시 이와 같구나. 이것은 초나라의 사직을 잊고 우리를 돌볼 생각이 없는 것이다. 과인은 다시 전쟁을 할 방도가 없구나."

이에 군대를 철수하여 귀환하고는 자반의 목을 베어 시장에 내걸었습니다.

곡양이 자반에게 술을 준 것은 그를 싫어해서가 아니라, 성심껏 그를 아끼고 충성한 것이었으나 그를 죽게 하기에 충분했습니다. 이는 작은 충성을 행하여 큰 충성을 깨뜨린 것입니다. 그런 까닭에 '작은 충성은 큰 충성의 적'이라고 합니다.

만일 작은 충성을 가진 사람에게 법을 주관하도록 한다면, 반드시 사람들의 죄를 사면해 줄 것입니다. 백성을 아껴서 죄를 사면하는 것은 아랫사람들과 친숙해지는 것이지만 백성을 다스리는 일에는 방해가 됩니다. _식사(飾邪)

1-9.
명령보다 빠른 것도 안 되고,
늦는 것도 안 된다

위나라가 법을 분명히 세우고, 헌법에 따를 때는 공이 있는 자는 반드시 상을 받고, 죄가 있는 자는 반드시 벌을 받았습니다. 그 강함으로 천하를 바로잡고 그 위세는 사방 이웃 나라를 움직였습니다. 그러나 법률이 느슨해지고 상벌을 함부로 시행하자, 나라는 나날이 줄어들었습니다.

조나라가 국법을 밝히고 대군을 이끌 때는 인구가 많고 병력이 강력하여 그 영토가 제나라와 연나라에까지 이르렀습니다. 그러나 국법이 느슨해지고 법을 집행하는 사람들이 약해지자 영토가 나날이 줄어들었습니다.

연나라가 법을 받들어 밝히고 관리들이 판단을 신중히 했을 때는 동쪽으로는 제나라까지 땅이 이어졌고,

남쪽으로는 중산中山 땅을 모두 차지했습니다. 그러나 법을 받드는 것을 잊고 관리들이 법에 따르지 않게 되자, 군주의 좌우 측근들이 서로 다투고, 논의가 아래에서 먼저 일어나게 되었습니다. 그러자 병력은 약해지고 영토는 줄어들고 이웃 나라에 지배당하게 되었습니다. 그러므로 '법을 밝히는 자는 강하고, 법을 소홀히 하는 자는 약하다'라고 하는 것입니다.

강해지고 약해지는 것이 이와 같이 분명한데도 세상의 군주들은 이를 행할 줄 모르니, 나라가 망하는 것은 당연합니다.

속담에 이르기를 '집에 일정한 생업이 있으면 기근이 들어도 굶주리지 않고, 나라에 일정한 법이 있으면 비록 위태로워지더라도 망하지 않는다'고 합니다. 군주가 정해진 법률을 버리고 사사로운 의견을 따르면 신하는 지혜와 능력을 꾸밉니다. 신하가 지혜와 능력을 꾸미게 되면 법률과 금령은 바로 서지 못합니다. 이와 같이 망령되이 생각나는 대로 다스리면, 나라를 다스리는 방도가 사라집니다. 나라를 다스리는 방법은 법을 해치는 자를 제거하는 것입니다. 그렇게 하면 군주는 신하들이 꾸며낸 지혜와 능력에 현혹되지 않고, 명성에도 속지 않게 됩니다.

옛날에 순임금은 관리를 시켜 물길을 터서 홍수를 다

스렸습니다. 그런데 어떤 이가 명령보다 먼저 공적을 이루자 순이 그를 죽였습니다. 우임금은 제후국의 군주를 모두 모아 회계산會稽山 위에서 조회를 열었습니다. 그런데 방풍국防風國의 군주가 늦게 도착하자 우임금은 그의 목을 베었습니다. 이로써 보건대 명령보다 먼저 행동한 자도 죽었고, 명령보다 늦은 자도 참수되었으니, 옛날에는 명령을 그대로 따르는 것을 가장 귀중하게 여긴 것입니다. _식사(飾邪)

낭송Q 큰글자책 시리즈
제자백가편
낭송 한비자

2부
군주의 길, 군주의 정치

2-1.
임금의 길, 무위無爲의 정치

도道라고 하는 것은 만물의 근원이며 시비是非의 실마리다. 그러므로 어진 임금은 그 시작을 잘 지켜서 만물의 근원을 알고, 그 기본을 잘 다스려서 성패成敗의 단서를 안다. 마음을 비우고서 고요하게 기다리면 신하들이 제 스스로 의견을 내세우고 명분을 밝힌다. 마음을 비워 내면 실제 정황을 알 수 있고, 조용히 머무르면 움직임을 알 수 있다. 그러면 의견 있는 자는 제 스스로 말을 하게 되고, 일을 하려는 자는 그 실적을 드러내게 된다. 그 실적과 말한 것이 일치하는지 맞춰 보면 군주는 일을 하지 않고서도 그 실정을 알게 된다.

그러므로 말하기를 '군주는 바라는 바를 드러내지 말아야 한다. 군주가 바라는 것을 밖으로 드러내면 신하는 그에 맞춰 의견을 꾸밀 것이다. 군주는 자기 의사를 표시하지 말아야 한다. 군주가 자기 의견을 밖으로 드러내면 신하도 특별해 보이는 의견을 나타내려 할 것이다'라고 하는 것이다. 그런 까닭에 말한다. '군주가 좋아하고 싫어함을 표정으로 드러내지 아니하면 신하는 제 본심을 그대로 드러낼 것이다. 군주가 스스로 지혜를 버리고 재주를 비운다면 신하는 신중하게 처신을 할 것이다.'

그러므로 군주가 지혜가 있다 해도 그것으로 계책을 짜내려 하지 말고, 만인이 제 스스로 처신할 바를 알게 해야 한다. 군주가 재주가 있다 해도 그것으로 행정을 해결하려 하지 말고, 신하가 일할 수 있는 바탕을 살펴야 한다. 군주가 용기가 있다 해도 그것으로 직접 싸우지 말고, 신하들이 무용武勇을 발휘하게 해야 한다. 그런 까닭에 군주는 지혜를 버림으로써 도리어 밝게 보고, 재주를 버림으로써 도리어 공을 세우며, 용기를 버림으로써 도리어 강해진다. 이와 같이 신하들로 하여금 직분을 지키게 하고, 백관들로 하여금 일정한 법을 따르게 하여, 각기 능력에 맞추어서 일을 하게 하는 것을 '습상'習常이라 일컫는다.

그런 까닭에 '너무나 조용하여 그 자리가 없는 듯 하고, 너무 맑고 투명하여 그 소재를 알 수 없다. 지혜로운 군주는 아무것도 하지 않고 윗자리에 앉았는데도 신하들은 아래에서 두려움에 떨고 있다'고 하는 것이다.

지혜로운 군주는 현명한 자로 하여금 그 지혜를 다 짜게 하고 그것을 바탕으로 나랏일을 결단한다. 그 때문에 군주는 지혜가 마르지 않는다. 재주 있는 자가 그 재능을 드러내게 하여 그것을 근거삼아 임무를 맡기므로 다스림에 막힘이 없게 된다. 이렇게 하고 나서 공功이 생기면 군주가 슬기롭기 때문이라 하고, 잘못이 있으면 일을 맡은 신하에게 책임을 지게 한다. 그러면 군주의 명성은 항상 유지된다.

군주는 현명하지 않으면서도 현명한 자를 거느리고, 지혜가 없으면서도 지혜로운 자를 이끈다. 신하는 수고하고 군주가 그 성과를 누린다. 이것이 현명한 군주의 변치 않는 법[常道]이다.

도는 있어도 볼 수가 없고 작용이 있어도 알 수 없다. 마음을 비우고 움직임도 없이 아무 일도 하지 않으면서 작은 흠도 알아차린다. 보고도 못 본 척하고 들어도 못 들은 척하며 알고도 알지 못하는 척한다. 신하의 말을 다 듣고서 변경할 수 없게 하여 실적이 그 주장과 맞는가를 맞춰 본다. 이때 관청 부서마다 전담하는 사람을 두어서 서로 미리 말을 맞추지 못하게 하면, 모든 일을 완벽하게 파악할 수 있게 된다. 군주가 자기 행적은 가려 두고 자기 마음은 숨기면서 그 단서를 감춰 두면 신하는 군주의 속사정을 파악할 수 없게 된다.

군주가 자신의 지혜와 재능을 버려 두면 신하가 군주의 의중을 추측할 수 없게 된다. 군주가 자기 의도를 견지한 채, 신하의 의견과 그 실적을 맞춰 보며, 상벌권을 굳게 장악한 채 신중하게 사용하면, 군주의 마음을 떠보려는 신하의 욕망은 끊어지고, 비위를 맞추어 군주의 마음을 얻으려는 신하의 욕심도 사라질 것이다. _ 주도(主道)

2-2.
상을 남발하지 않고
벌을 감면해 주지 않는다

문단속을 소홀히 하고 그 문을 견고히 하지 않으면 장차 호랑이가 나타날 것이다. 군주가 나랏일을 신중하게 다루지 않고 내부 사정을 숨기지 않으면 장차 역적이 생겨난다. 주인을 죽이고 그 자리를 대신하면 누구라도 그와 함께하지 않을 수 없으니 호랑이와 같다고 하는 것이다. 군주 곁에 있으면서 그 틈을 노리므로 역적이라고 하는 것이다. 간사한 도당을 해산하고 그 잔당을 잡아들이고, 문을 닫아걸고 그 무리를 돕는 자를 궁 안에서 뽑아내면, 나라 안에 호랑이 같은 자들이 없게 될 것이다.

신하가 제멋대로 자기 일의 크기를 헤아릴 수 없게 하며 맡은 일의 깊이를 측정할 수 없게 한다. 실적과 명분이 서로 맞는지 확인하고, 법도와 격식에 따라

상세히 점검한다. 그것으로 제멋대로 굴던 자를 엄히 살펴 벌준다면 나라 안에 역적들이 없게 될 것이다.

군주의 권한을 해치는 다섯 가지 막힘이 있다. 첫째는 신하가 군주의 눈과 귀를 막는 것이요, 둘째는 신하가 나라의 재정을 장악하고 관장하는 것이요, 셋째는 신하가 마음대로 명령을 내는 것이다. 넷째는 신하가 제멋대로 상과 벌을 주는 것이요, 다섯째는 신하가 사사로이 무리를 짓는 것이다.

신하가 군주의 눈과 귀를 가리게 되면 군주는 그 자리를 앉아서 잃게 되고, 신하가 나라의 재정을 장악하고 관장하면 군주는 그 은덕을 베풀 수 없게 된다. 신하가 마음대로 명령을 내리게 되면 군주는 통제력을 잃게 되고, 신하가 제멋대로 상과 벌을 주게 되면 군주는 권위를 잃게 된다. 신하가 사사로이 무리를 짓게 하면 군주는 자기 편이 될 사람을 잃게 된다. 이 다섯 가지는 오직 군주 한 사람만 할 수 있는 것이며, 신하들의 손에는 쥐어 줄 수 없는 것이다.

군주는 조용히 물러앉아 겸허한 태도를 가지는 것을 보배로 여겨야 한다. 군주는 정사를 직접 맡아 하지 않고 잘되고 못 된 것만 살펴서 분간하며, 일에 있어 그 계략을 스스로 짜지 않고 복이 될지 재앙이 될지 조짐만을 알아낸다. 그러므로 군주는 일에 관해 말을 하지 않아도 신하가 잘 응하며, 정책을 내지 않아도 일이 잘 진행된다. 군주가 한 말에 신하가 응해 오면 그의 정책을 잘 기록해 징표로 간직하고, 그 일이 진행되면 실행된 성과를 적어 기록과 맞춰 본다. 약속과 성과를 나란히 맞출 때 상과 벌이 결정된다.

신하들이 자기 의견을 말하면 군주는 그걸 듣고 합당한 일을 맡겨 준다. 그리고 맡긴 일의 성과를 그후에 듣는다. 그 성과가 맡긴 일과 맞지 않고, 맡긴 일이 그 말과 맞지 않으면 벌을 준다. 현군의 정치란 신하로 하여금 자기 의견을 밝히고 그 말이 실제 성과와 일치하지 않을 수 없게 하는 것이다.

현명한 군주가 주는 상은 농사 때에 맞춰 오는 적절한 비와 같아 백성들이 그 혜택을 좋아한다. 그가 내리는 벌은 그 무서움이 천둥소리와 같아서 신성^{神聖}한 것이라도 그 노여움을 달랠 수 없다.

현명한 군주는 상을 남발하지 않고 형벌을 감면해 주지 않는다. 상을 남발하면 공신도 제 할 일을 게을리하고, 형벌을 감면해 주면 간신이 쉽게 잘못을 저지른다. 정말 공이 있다면 비록 소원하고 낮은 신분의 사람일지라도 반드시 상을 주고, 정말 허물이 있다면 비록 친근하고 총애하는 사람일지라도 반드시 주살

誅殺: 죄를 물어 죽임한다. 왕과 거리가 있고 신분이 낮은

사람도 반드시 상을 받고, 왕과 가깝고 총애받는 사람도 반드시 처벌을 당한다면, 소원하고 신분이 낮은 사람이 게을리 일하지 않을 것이며, 친근하고 총애받는 사람도 무례하게 굴지 않을 것이다. _주도(主道)

2-3.
형刑과 덕德, 두 개의 칼자루

현명한 군주가 신하를 거느리는 방법은 두 개의 권병權柄: 권력으로 사람을 마음대로 좌우할 수 있는 힘뿐이다. 두 개의 권병이란 형刑과 덕德이다. 무엇을 일컬어 형과 덕이라고 하는가. 벌하여 죽이는 것을 형이라 하고 상을 내려 칭찬하는 것을 덕이라 한다.

신하가 된 사람들은 형벌을 두려워하고 포상을 이롭게 여긴다. 그러므로 군주가 직접 형을 집행하고 포상을 내린다면 신하들은 자연스레 그 위세를 두려워하며 이로움을 향해 간다. 하지만 간신들은 그렇지 않다. 미운 자가 있을 때는 군주를 조정하여 그에게 벌을 주고, 좋은 자가 있을 때는 군주를 조정하여 그에게 상을 준다.

만일 지금 그 군주가 포상의 이로움과 형벌의 위세를

직접 갖지 않고 신하에게 위임하여 상벌을 내린다면, 온 나라의 사람들이 그 신하만 두려워하고 군주는 깔보면서, 그 신하를 향해 자리를 고쳐 앉고 군주를 버릴 것이다. 이것이 바로 군주가 상벌의 권한을 잃어서 생기는 환란이다.

호랑이가 능히 개를 굴복시키는 이유는 발톱과 어금니를 가졌기 때문이다. 만약에 호랑이가 발톱과 어금니를 내버리고 개로 하여금 그것들을 쓰게 하면 도리어 호랑이가 개에게 굴복할 것이다. 군주란 형과 덕을 가지고서 신하들을 제어하는 사람이다. 만일 지금 군주가 형과 덕을 놓아두고 신하로 하여금 그것을 쓰게 하면 군주는 도리어 신하에게 제어당할 것이다.

옛날 제齊나라에 전상田常이라는 신하가 있었다. 위로는 군주에게 작록爵祿을 청하여 신하들에게 나누어 주었고, 아래로 백성에게 곡식을 빌려 줄 때는 큰 말[斗]로 재어서 장부보다 많이 주고, 돌려받을 때는 작은 말로 재어서 장부보다 적게 받아 은혜를 베풀었다. 이렇게 제나라 간공簡公이 포상의 덕을 잃고 신하였던 전상이 그것을 행사하자, 결국에는 간공이 시해당했다.

자한子罕이 송나라의 군주에게 말하였다. "포상과 혜택은 백성들이 좋아하니 그것을 군주께서 직접 행사하십시오. 살육이나 형벌은 백성들이 싫어하니 제게 맡겨 주십시오." 이에 군주가 형벌의 권한을 넘겨주어 자한이 그것을 가졌고, 그 때문에 군주는 겁박을 당하였다.

제나라 전상은 단지 덕을 베풀 권한을 행사했을 뿐이나 간공은 살해되었으며, 송나라 자한은 단지 형벌 주는 권한을 행사했을 뿐이나 그 군주는 협박당하였다. 그런데 지금은 신하된 자가 형과 덕이라는 두 권병을 함께 쥐고 행사한다. 때문에 지금의 군주들이 제나라의 간공과 송나라의 군주보다 더욱 위태로운 상태라고 하는 것이다. 협박과 살해를 당하거나 눈이 가려진 군주는 형과 덕을 둘 다 잃고 신하들이 그것을 행사하고 있는 것이다. 그렇게 하고도 그 군주가 위태롭지 않게 되고, 그 나라가 망하지 않은 적은 지금까지 없었다.

군주가 간신들을 경계하여 실적과 명목이 일치하는지 살피는 것은 신하의 말과 일한 성과를 맞춰 보는 보는 것이다. 신하가 어떤 일에 자기 의견을 진술하면, 군주는 그가 한 말에 맞는 일을 맡겨 주고, 그 일만을 기준삼아 공적을 규명한다. 성과가 맡은 일과 맞고, 일이 그의 말에 맞으면 상을 준다. 성과가 맡은 일과 맞지 않고, 일이 그의 말과 맞지 않으면 벌을 준다. 예컨대 말은 크게 하고, 성과가 적은 신하는 벌한다. 이것은 그 성과가 적다고 벌하는 것이 아니고 그 성과가 처음의 말과 맞지 않아 벌하는 것이다. 또한 말은 작게 하고 성과가 큰 신하도 벌한다. 이것은 큰 성과가 기쁘지 않아서 벌하는 것이 아니라, 명목이 맞지 않아 생기는 해로움이 큰 성과의 이득보다 심하기 때문이다. _ 이병(二柄)

2-4.
군주가 마음을 숨기면 신하들이 본 마음을 드러낸다

옛날에 한韓나라의 소후昭侯가 술에 취해 술자리에서 그대로 선잠에 들었다. 관冠을 담당하는 자가, 군주의 몸 위에 추울까봐 옷을 덮어 주었다. 군주가 깨어난 뒤 좌우의 측근에게 기뻐하며 말하였다. "옷을 덮어 준 자가 누구냐?" 좌우가 답하였다. "관을 담당하는 자입니다." 군주는 이를 듣고 옷을 담당하는 자와 관을 담당하는 자를 함께 처벌하였다.

옷을 담당한 자를 처벌한 것은 해야만 하는 일을 빠뜨렸기 때문이다. 관을 담당한 자를 처벌한 것은 자기 직분을 넘어서는 일을 했기 때문이다. 추운 것을 싫어하지 않아서가 아니라, 다른 사람의 직분까지 침범하는 폐해가 추운 것보다 심하다고 생각했기 때문이다.

그러므로 현명한 군주가 신하를 키울 때는 신하가 자기 직분을 넘어서는 큰 업적을 세울 수 없게 하며, 진술했던 그 의견이 실제와 맞지 않으면 용납하지 않는다. 직분을 넘어서면 사형에 처하고, 하는 일이 그 직분과 들어맞지 아니하면 벌을 준다. 신하들이 관직에 따라 합당하게 일을 하고, 신하들이 했던 말과 실제로 한 일이 맞는다면 신하들이 패를 짓는 일이 없게 될 것이다.

군주에게는 두 가지 근심이 있다. 신하를 뽑을 때 유능한 자를 등용하면 그 능력을 구실 삼아 군주를 위협할 것이다. 그렇다고 능력을 보지 않고 아무나 등용하면 행정이 정체되어 되는 일이 없게 될 것이다.

군주가 유능한 자를 좋아하면 신하들은 군주가 바라는 모습대로 그 행위를 꾸민다. 그러면 신하들의 실제 성정이 드러나지 않게 된다. 신하들의 실정이 드러나지 않게 되면 군주는 신하들의 차이를 볼 수가 없어 가려 뽑을 수가 없다.

옛날에 월越나라 왕 구천이 용맹을 좋아하자 죽음을 가볍게 여기는 백성이 많아졌다. 초楚 영왕靈王이 허리가 가는 사람을 좋아하자 도성 안 사람 중에 굶는 자가 많아졌다. 제齊나라 환공桓公이 질투가 심하고 여자를 좋아하자 더벅머리 소년들이 스스로 거세하고 환관이 되어서 내궁 일을 돌보았다. 또 환공이 평소에 미식을 즐겨하니 역아易牙라는 신하가 자기의 맏아들을 삶아서 진상했다. 연燕나라 왕 자쾌子噲가 어질다는 칭찬을 좋아하자, 신하인 자지子之는 나라를 주어도 안 받을 듯 꾸몄다가 자쾌가 어질다는 칭찬을 바라고서 나라를 준다 하자, 얼른 왕위를 차지하고 돌려주지 않았다.

군주가 싫어하는 것을 겉으로 비치면 신하들은 싫어할 만한 단서를 숨긴다. 군주가 좋아하는 것을 겉으로 비치면 신하들은 그에 맞춰 능력을 속인다. 군주가 하려는 바를 겉으로 드러내면 신하들은 그 행실을 꾸며낼 단서를 얻게 된다.

자지子之는 그 군주가 어진 것을 좋아하자 그것을 이용해서 군주 자리를 빼앗았다. 환관이 된 소년들과 아들을 바친 역아는 군주의 욕망을 이용해서 그 권한을 침해한 것이다. 그 결과 자쾌는 내란 중에 죽게 되고, 환공은 죽었을 때 시신에 생긴 구더기가 문 밖으로 기어나오도록 장례를 지내지 못하였다.

이렇게 된 이유가 무엇인가? 다른 사람의 군주된 자가 본심을 드러내자 신하가 그것을 거짓으로 꾸며내어 생긴 재앙이다. 다른 사람의 신하된 자가 마음으로 그 군주를 반드시 사랑해서 꾸미는 것이 아니라,

이익을 귀중하게 생각하기 때문이다. 지금 만약 군주가 본심을 숨기지 못하고, 생각하는 단서를 숨기지 않아서 신하들로 하여금 군주의 권한을 침범할 실마리를 제공해 준다면, 신하들이 자지나 전상과 같이 되는 것은 어렵지 않다. 그러므로 말하기를 '좋은 것도 멀리하고 싫은 것도 멀리하면 신하들이 본바탕을 드러내 보인다'고 하는 것이다. 신하들이 본바탕을 드러내 보인다면 군주의 눈이 가려지는 일은 없을 것이다. _ 이병(二柄)

2-5.
군주와 신하는 존재 방식이 다르다

하늘에는 큰 원리가 있고, 인간에게도 큰 법칙이 있
다. 향기롭고 진한 술과 연한 고기는 입에 좋은 음식
이지만 몸에 병이 될 수 있다. 부드러운 살결과 하얀
이[齒]를 가진 여인은 맘과 몸을 즐겁게 하지만 정기精
氣를 상하게 한다. 그러나 지나치게 원칙을 벗어나지
않는다면 몸에 해가 되지 않는다.

군주는 권력을 과시하지 않으면서 본바탕을 지키고,
특별히 일을 하지 않으면서 사방의 신하에게 실제 일
을 맡기고 그 요체만을 중앙에서 장악한다. 현명한
군주가 그 요체를 잡고 있으면 사방에서 신하들이 모
여들어 성과를 보고한다. 군주가 그 마음을 비우고서
기다리면 신하들 스스로가 능력을 발휘한다.

신하들을 임명하여 사방에 보내 두면 그늘진 데 앉아

서도 밝은 곳을 볼 수 있다. 상벌의 원칙을 세워 두면 군주가 마음을 열고 대응할 수 있다. 그런 태도를 서서히 변화시키지도 말고 갑자기 바꾸지도 않으며, 상과 벌을 함께 갖추고서 시행하길 멈추지 않는다. 이것을 일컬어 군주의 도를 실천한다고 하는 것이다.

무릇 사물에는 마땅한 쓰임이 있고 재능에도 마땅히 쓸 데가 따로 있어서 각각 그에 맞게 쓰인다면 윗사람이 무위無爲할 수 있다. 예를 들면 닭에게는 새벽을 알리게 하고, 고양이에게는 쥐를 잡게 한다. 이처럼 모두를 각자의 능력에 맞게 쓰면 윗사람이 특별히 다른 일을 하지 않아도 된다.

만약 윗사람이 자기 재능을 앞세우면 하는 일의 균형을 잃게 된다. 군주가 자기 능력을 좋아하여 자랑을 일삼으면 아랫사람에게 속기 쉽다. 군주가 변설을 늘어놓으며 능력을 과시하면 아랫사람이 그의 재능에 의지하여 일을 꾸민다. 위아래가 그 할 일을 바꾸게 되면 그 때문에 나라는 다스려지지 않는다.

군주가 지켜야 할 가장 중요한 것은 명분이다. 명분이 바로 서면 질서가 안정되고 명분이 비뚤어지면 질서가 흔들린다. 그러므로 성군은 원칙을 단단히 잡고 조용하게 머물면서 신하들로 하여금 명분에 따라서 스스로 바르게 일을 하게 만든다.

윗사람이 자신의 취향을 드러내지 않으면 아랫사람은 본바탕을 충실히 행할 수 있다. 윗사람이 신하의 소질을 보고 임명하면 그들 스스로 힘써 일하게 된다. 군주가 능력에 따라 관직을 주면 그들 스스로 성과를 낸다. 그 자리에 맞게 신하를 대우해 주면 모두들 스스로 제자리를 잡는다.

군주가 명분을 가지고 신하를 기용할 때 명분이 분명하지 않은 경우에는 드러난 성과에 따라 검토한다. 성과가 명분에 일치하는지 맞춰 보고 그에 맞게 상과 벌을 내린다. 상과 벌 두 가지가 확실하게 행해지면 아랫사람들이 자신을 숨김없이 드러낼 것이다. 맡은 일을 신중히 하고 성공과 실패는 하늘의 뜻을 기다린다. 그 요체를 놓지 않아야만 성군이라 할 수 있다.

성군이 정치할 땐 지혜와 기교를 버린다. 지혜와 기교를 버리지 않으면 일정한 상태를 유지하기 어렵다. 만일 백성이 그것을 사용하면 자기 자신에게 많은 재앙이 닥칠 것이며, 군주가 그것을 사용하면 나라가 위태롭게 되어 망할 것이다. 그러므로 천지자연의 법칙을 따라 사물의 원리로 돌아가야 한다. 바로잡고 점검하는 것을 계속하여 끝내면 곧 시작하듯 해야 한다. 마음을 비우고 조용히 기다릴 뿐, 자기 생각을 드러내어 쓰지 않는다. 무릇 군주의 근심은 신하가 하는 일의 말단까지 동조하는 데에 있다. 신하를 믿어 주되 동조하지 않는다면 모든 사람이 하나같이 따를 것이다.

도道는 넓고 커서 형상이 없으며, 덕德은 분명한 원리가 있어 온갖 곳에 두루 미친다. 모든 생물에 이르기까지 그것이 알맞게 적용되어 만물이 모두 이루어진다. 그러나 그것을 편안히 유지하는 일에는 전혀 관여하지 않는다. 도라는 것은 두루 존재하며, 시간이 흐름에 따라 그 법칙에 맞게 태어나고 죽게 한다. 각기 타고난 모양과 역할이 달라도 나고 죽는 것은 이처럼 하나로 통하니 본성은 같은 것이다.

그러므로 말하기를 '도는 만물과 차원이 다르며 덕은 음陰·양陽과 차원이 다르다. 저울대는 경輕·중重에 따라 변하지 않고, 먹줄은 굴곡에 따라 변하지 않고, 조율악기는 다른 악기에 맞추어 변하지 않고, 군주는 신하들에 맞추어 변하지 않는다'고 한다. 무릇 이 여섯 가지는 도에서 나온 것이다.

도는 함께 견줄 것이 없기 때문에 하나라고 말하는 것이다. 이런 까닭에 현명한 군주는 홀로 있는 도의 모습을 귀하게 여긴다.

군주와 신하는 도를 달리한다. 신하는 명분을 내세워 작록을 구하고 군주는 그 명분을 붙잡는다. 신하가 일한 것을 공적으로 드러내면 군주는 그 공적과 명분이 같은지 비교하여 상·하를 조화롭고 적합하게 만든다. _ 양권(揚權)

2-6.
장딴지가 허벅지보다 굵으면 빨리 달리기가 어렵다

군주가 신하의 의견을 듣는 방법은 신하의 입에서 나온 말과 그가 나중에 하는 성과보고를 맞춰 보는 것이다. 신하가 말한 명분을 면밀히 검토하여 지위를 정해 주고, 직분을 명확히 하여 하는 일을 구별한다. 신하의 말을 듣는 법은 만취漫醉 때의 몸가짐과 같다. 입술이여! 이[齒]여! 먼저 움직이지 마라. 이여! 입술이여! 남보다 더 어리석은 듯 있어라. 저편에서 스스로 움직이면 나는 그것으로 알게 된다.

시비是非를 묻는 의견들이 쏟아져도 군주는 얽혀들지 않는다. 마음을 비우고서 작위하지 않는 것이 다스리는 도의 참된 본성이다. 여러 가지가 뒤섞여서 서로 비교할 수 있는 것이 사물의 형상이다. 뒤섞인 사물들을 서로 맞대어 비추어서 형체 없는 도와 어긋남이 없게 한다. 근본이 뒤바뀌지 않으면 행동하고 계획하는 일에 실수가 없고, 행동하고 계획하는 일이 억지스럽지 않아 백성이 저절로 따라온다.

군주가 무엇인가 특별히 좋아하면 할 일이 많아지고, 무엇인가 특별히 미워하면 원한을 사게 된다. 그러므로 좋아하고 미워하는 마음을 버려두고 마음을 비워서 도가 깃들게 해야 한다. 군주가 함께 일을 하지 않으면 백성은 오히려 그를 존중한다.

군주는 의론에 개입하지 않으면서 신하에게 모두 맡겨 처리하게 시켜야 한다. 군주가 문을 닫고 안쪽에서 빗장까지 지르고서 방 안에서 마당을 내다보듯이 한다면, 사소한 일은 이미 갖춰지고 모두가 제자리에 놓이게 될 것이다. 상줄 자에게는 상을 주고 벌할 자에게는 벌을 내려, 각기 행한 일에 따라 각각 보답받게 한다. 선행과 악행에 반드시 상과 벌이 주어지면 그 누가 감히 그 군주를 믿지 않겠는가. 법도의 기준이 확립되어 있다면 다른 일도 모두 다스려질 것이다.

군주에게 신과 같은 위엄이 없으면 신하가 장차 기회를 노릴 것이다. 군주가 하는 일에 정당성을 잃게 되면 신하가 원칙대로 밝히려고 할 것이다. 하늘과 같고 땅과 같은 것을 일러 조화를 이루었다고 하는데, 군주가 땅과 같고 하늘과 같다면 누구와 소원하고 누구와 더 친하다고 할 수 있겠는가? 천지자연을 본받을 수 있다면 이를 가리켜 성인이라 한다.

궁 안을 잘 다스리고자 한다면 전담자를 두되 가까이 하지 말고, 국정을 잘 다스리려고 한다면 관직마다 한 사람씩 전임자를 두라. 그들로 하여금 멋대로 할 수 없게 하면 어찌 권한을 남용하고 남의 일을 침범할 수 있겠는가. 중신들에 대해서는 그 집 문을 드나드는 사람들이 많은 것을 경계해야 한다.

군주의 다스림이 지극하면 신하들이 사적으로 민심을 얻으려고 하지 않는다. 군주가 확실하게 형벌[刑]과 공적[名]을 일치시키면 백성은 이에 바로 자기 직분을 충실하게 지키게 된다. 이 방법을 버리고서 다른 방법을 찾는다면 이를 일러 대혹大惑이라 한다. 교활한 백성이 많아지고 간사한 신하들이 측근에 넘쳐난다.

그러므로 말하기를 '신하를 부유하게 하지 말라. 그러면 군주와 같아지려 할 것이다. 신하를 귀하게 하지 말라. 그러면 군주를 누르려고 할 것이다. 오로지 한 사람만 믿지 말라. 그러면 도성과 나라를 잃게 될 것이다'라고 한다.

장딴지가 허벅지보다 굵으면 빨리 달리기가 어렵다. 주인이 신과 같은 권위를 잃게 되면 호랑이는 그 뒤를 노린다. 주인이 일찍 막아내지 못하면 호랑이에게 모여드는 개가 끝도 없이 많을 것이다. 호랑이가 그 무리를 완성하면 그 어미인 주인까지 죽일 것이다. 군주가 되어 신하가 없다면 어찌 나라를 가졌다고 하겠는가? 군주가 법法을 시행하면 큰 호랑이도 두려워할 것이다. 군주가 형刑을 집행하면 큰 호랑이도 자연스레 온순해질 것이다. 법과 형이 참되게 실행되면 큰 호랑이도 사람처럼 교화되어 직분에 맞는 모습으로 돌아갈 것이다. _ 양권(揚權)

2-7.
현명한 군주가 명성을 얻는 방법

현명한 군주가 공을 세우고 명성을 이루는 방법에는 네 가지가 있다. 첫째는 천시天時요, 둘째는 인심人心이고, 셋째는 기능技能이며, 넷째는 위세威勢이다.

천시에 맞지 않으면 비록 요임금이 열 사람 있어도 겨울에 벼이삭 한 개 나지 않기 때문이다. 인심에 거슬리면 비록 힘이 센 맹분孟賁이나 하육夏育이라 할지라도 사람들이 힘을 다하게 할 수 없다. 그러므로 천시를 얻으면 힘쓰지 않아도 저절로 나고, 인심을 얻으면 재촉하지 않아도 백성들이 스스로 힘써 일한다. 기능에 따르면 서두르지 않아도 저절로 빨리 되며, 위세를 얻으면 추진시키지 않아도 명성을 이룬다. 이는 물이 절로 흐르는 것과 같고, 배가 절로 뜨는 것과 같다. 자연의 도를 지키면 명령이 매번 떨어지자마자

행해지니 현명한 군주라고 하는 것이다.

재능이 있다 하더라도 위세가 없다면 비록 현자라 해도 어리석은 자를 제압할 수 없다. 가령 한 척 길이밖에 되지 않는 나무라도 높은 산 위에 있으면 천 길 계곡을 내려다볼 수 있다. 이는 나무가 길어서가 아니라 위치가 높기 때문이다. 걸桀은 천자가 되어 천하를 움직였는데 이는 그가 어질어서가 아니라 위세가 크고 강했기 때문이다. 요堯가 필부였다면 세 집안도 다스릴 수 없었을 것이다. 이는 그가 어리석기 때문이 아니라 지위가 낮기 때문이다. 삼천 근의 무게가 나가도 배를 얻으면 물에 뜰 수 있고 낟알 한줌처럼 가벼워도 배가 없으면 가라앉는다. 이는 삼천 근이 가볍고 낟알 한줌이 무거워서가 아니라 의지할 세력이 있고 없는 차이이다. 길이가 짧아도 내려다볼 수 있는 것은 위치 때문이며, 어리석은데도 어진 사람을 통제하는 것은 위세 때문이다.

군주라고 하는 것은 천하가 힘을 하나로 하여 함께 추대하므로 평안하고, 무리가 한마음으로 그를 함께 세워주므로 존귀하다. 신하는 그 장점을 인정받고 능력을 다 펼칠 수 있다면 충성한다. 존엄한 군주의 자리에서 충성스런 신하를 움직이면 길게 즐거운 생을 누리고 공업과 명성을 이룰 것이다. 명목과 실질이 서로 지지해 주면 이루어지고, 형체와 그림자가 서로 상응하는 것과 같다. 이처럼 신하와 군주가 서로 같은 것을 바라면서도 그 직분은 다른 것이다.

군주의 근심은 신하가 호응해 주지 않는 데 있다. 그러므로 '한 손으로 손뼉을 치면 비록 빨리 휘둘러도 소리가 나지 않는다'고 한다. 신하의 근심은 한 가지 일에 전념할 수 없는 데 있다. 그러므로 '오른손으로 원을 그리고 왼손으로 네모를 그리면 둘 다 완성되지 않는다'고 한다. 따라서 '지극히 잘 다스려지는 나라에서 군주는 북채와 같고, 신하는 북과 같고, 기능은 수레와 같다'고 하는 것이다. 사람들이 여력이 있으면 호응하기 쉽고, 기능이 충분하면 일하기가 편하다.

공을 세우려는 자가 힘이 부족하고, 측근이 되려는 자가 신뢰가 부족하고, 명성을 이루려는 자가 세력이 부족하고, 가까운 자와 이미 친근하더라도 먼 자와는 교분을 맺지 못한다면 명과 실이 맞지 않는 것이다. 성인의 덕을 따르는 것이 요순과 같고, 행실이 백이伯夷와 같더라도 그 지위를 세상에서 추대받지 못하면 공을 세우지도 못하고 명성을 얻을 수도 없다.

그러므로 옛날에 공과 명을 다 이룬 사람들은 많은 사람들이 힘을 다해 그를 돕고, 가까운 사람들이 진실하게 그와 결속되고, 먼 사람들이 그의 이름을 찬

양하며, 높은 자가 세력을 가지고 그를 추대했기 때문이다. 이와 같이 하였기에 태산과도 같은 공적이 국가에 길이길이 세워지고 해와 달과 같은 명성을 오래도록 천지에 드러낼 수 있었다. 이것이 바로 요가 임금이 되어서 명성을 지킨 이유이고, 순임금이 신하였을 때 공적을 빛낼 수 있었던 까닭이다._공명(功名)

낭송Q 큰글자책 시리즈
제자백가편
낭송 한비자

3부
법가의 고민, 법가의 지혜

3-1.
유세의 어려움

무릇 자신의 의견을 남에게 말하는 것은 어려운 일이다. 이는 남을 설득할 지식이 부족하여 어려운 것이 아니며, 자신의 의견을 분명히 밝히는 말솜씨가 부족하여 어려운 것도 아니다. 또한 그 생각을 거침없이 다 펼치는 과감함이 없어 어렵다는 것도 아니다. 남에게 자기 의견을 말하기가 어렵다는 것은 상대의 마음을 알아내어 거기에 자기 의견을 맞추는 것이 어렵다는 것이다.

유세가가 명예를 소중히 여기는 상대에게 많은 이익을 가지고서 설득한다면, 지조가 낮고 비천한 사람을 만났다며 반드시 그를 멀리할 것이다. 또 유세가가 많은 이익을 바라는 상대에게 높은 명예를 가지고서 설득한다면, 생각이 없고 현실감 없는 사람을 만났다며 반드시 그를 버릴 것이다. 또한 상대가 속으로는 많은 이익을 바라면서 겉으로는 명예를 소중히 여기는 듯 처신할 때, 명예를 가지고서 상대를 설득한다면, 겉으로는 그를 수용하지만 실제로는 그를 멀리할 것이다. 한편 그런 상대에게 많은 이익을 가지고서 설득한다면 속으로는 그의 말을 수용하면서도 겉으로는 그를 버리는 것같이 꾸밀 것이다. 이를 깊이 살피지 않을 수 없다.

일이라고 하는 것은 비밀이 지켜지면 성공하고, 누설되면 실패하는 것이다. 유세가가 일부러 누설하려고 한 것이 아니더라도 말하다가 우연히 상대가 숨기고 있는 일을 언급하면 그의 신상이 위태롭다. 정치에선 어떤 일을 드러내 놓고 추진하면서 실제로는 다른 일을 이루려고 할 때가 있다. 이때 유세가가 겉으로 드러난 일을 알고 있을 뿐만 아니라 속에 숨기고 있는 일까지 알게 되면 그의 신변이 위험하다. 유세가가 특별한 계책을 생각했는데 그것을 임금이 채택하는 경우가 있다. 이때 어떤 지혜로운 사람이 외부에서 그것을 추측하여 알아내면 왕은 반드시 유세가가 누설하였다고 생각할 것이다. 그러면 그의 신상이 위태롭다.

윗사람의 총애가 두텁지 않은데도 지식을 다 동원하

여 유세하는 경우가 있다. 그의 말이 행해져서 실제 공이 있다 해도 곧바로 잊혀지고, 행해지지 못하여서 실패하게 될 경우엔 의심을 받게 되니 그의 신변이 위험하다. 만약 유세가가 고위직의 허물이 될 단서를 발견하여 의義와 예禮를 강조하며 그것을 들춰낸다면 그의 신변이 위험하다. 혹여 고위층이 어떤 계획을 고안하고 그것을 자신의 공적으로 삼으려 하는데, 만약 유세가가 그 내용을 알게 되면 그의 신변이 위험하다. 유세가가 왕에게 실행할 수 없는 일을 강권하여 하게 하고, 멈추게 할 수 없는 일을 억지로 그만두게 하면 그의 신변이 위험하다.

유세가가 군주와 더불어서 이야기할 때, 중신들에 관한 일을 논의하면 중신들은 이간離間한다 생각할 것이다. 그와 반대로 그가 관직이 낮은 자에 관한 일을 논의하면 매관매직賣官賣職을 하는 거라고 생각할 것이다. 유세가가 왕이 총애하는 자에 관한 일을 논의하면 기댈 곳을 빌리려 한다고 생각할 것이며, 그와 반대로 군주가 미워하는 자에 관한 일을 논의하면 군주의 마음을 살피려 한다고 생각할 것이다.

유세가가 자기 생각을 간략하게 말한다면 언변이 없다 하며 물리칠 것이며, 폭넓고 세세하게 말한다면 잡박스럽다 생각하여 다른 사람으로 바꿀 것이다. 유세가가 실제 예를 생략하고 큰 뜻만을 진술하면 할 말을 다 못하는 겁쟁이라 할 것이며, 현 상황을 예로 들어 거침없이 진술하면 야비하고 오만하다 할 것이다. 이래서 군주에게 진술하기가 어렵다고 하는 것이니 잘 알아두지 않으면 안 된다. _ 세난(說難)

3-2.
군주의 비위 맞추는 것을
부끄러워하지 말라

무릇 군주를 설득할 땐 상대가 자랑으로 삼는 것을
두둔해 주고, 부끄럽게 여기는 것을 없애는 데 힘써
야 한다. 군주가 사적으로 바라는 일이 있을 때는 반
드시 그 일의 공적인 의미를 찾아서 넌지시 보여 주
며 권해야 한다. 군주가 속으로는 좋지 않다고 여기
면서도 그만두지 못하는 일이 있다면, 도리어 유세가
는 그 일의 좋은 점을 부각시키며 그 일을 하지 않는
것이 소심한 일이라 말해야 한다.

군주가 고매한 뜻을 품고 있지만 행실이 거기에 미치
지 못한다면 유세가는 그를 위해 그 뜻이 지나치게
높다는 걸 보여 주고 그 나쁜 점을 드러내며 행하지
않은 것이 더 낫다고 해야 한다. 어떤 군주가 자신의
지혜를 자랑하고 싶어 한다면, 그가 하려는 말과 유

사한 여러 예를 제공하여 그 근거를 많이 만들어 주어야 한다. 군주가 유세가의 말을 따르게 만들면서도 모른 체하여서 그의 지혜를 도와야 한다.

군주를 설득하여 백성들을 구휼하고 나라 안 사람 모두 공존하게 만들려면, 반드시 유세가는 아름다운 명분으로 그 의미를 밝혀 주고 그 정책이 군주에게도 이득이 된다는 걸 은근히 보여 줄 일이다. 군주에게 유세가가 위태롭고 해로운 일을 알려 주고 싶을 때는 그 대상을 지적하되 그것이 군주에게도 위해가 된다는 걸 넌지시 보여 준다. 군주의 행적을 칭양稱揚할 땐 똑같은 행동을 한 다른 사람을 칭찬하며, 군주의 계획을 바로잡을 땐 똑같은 방식을 가진 다른 계책을 바로잡는다.

만약 누군가가 군주와 똑같은 결점을 가졌다면 반드시 그런 것은 해가 되지 않는다고 크게 감싸줘야 한다. 또 만약 누군가가 군주가 했던 실패를 똑같이 했을 때는 반드시 그 실패가 큰 실수가 아니라고 논리적으로 감싸줘야 한다. 군주가 스스로 역량을 자랑하면 그가 어려워하는 일을 꺼내들어 책망하지 말아야 한다. 군주가 스스로 용단勇斷하길 잘한다고 생각하면 그 결단을 흠집내서 노하게 하지 말아야 한다. 군주가 스스로 계책을 짜는 데 지혜롭다 생각하면 실패

했던 일을 지적하며 추궁하지 말아야 한다.

군주 앞에서 말할 때는 그 논지가 군주의 뜻에 거슬리는 것이 없고, 말솜씨가 부드러워 거칠고 막히는 게 없어야 한다. 그런 뒤에야 비로소 지혜로운 변설을 자유롭게 할 수 있다. 이것이 유세가가 군주와 친근해져 의심받지 않으면서 할말을 다 할 수 있는 유일한 방법이다.

그 옛날 이윤伊尹이 요리사가 되고, 백리해百里奚가 노예노릇 하였던 까닭은 그렇게 해서라도 군주에게 등용되기를 바랐기 때문이다. 두 사람 모두가 성인과 같았으나, 오히려 몸을 쓰는 노역을 하지 않고서는 군주에게 가까이 나아갈 수 없었으니, 이 때문에 두 사람이 천한 일에 종사했다.

지금 군주 앞에서 얘기할 때 군주의 기분을 맞추는 게 노예와 요리사가 된 것처럼 여겨져도, 나중에 등용되어 세상을 구제할 수 있다면 이것은 유능한 자가 부끄러워할 일이 아니다. 많은 날을 지내고서 군주에게 총애받고 신임이 두터워지면 일에 깊이 관여해도 의심받지 않게 되고, 논쟁을 일으켜도 벌을 받지 않게 된다. 그런 뒤에 분명하게 이익이 되는 일과 해害가 되는 일을 판단하여 공적을 세우고 시비를 지적하여 바로잡을 수 있다면, 이것으로 자신을 빛낼 수 있

게 된다. 이로써 군신이 서로를 받쳐 주니 이것이 유
세의 완성이다. _ 세난(說難)

3-3.
역린逆鱗을 건드리지 말라

옛날에 정鄭나라의 무공武公이 호胡나라를 치려고 생각했다. 그러나 일부러 호나라의 군주와 자기 딸을 혼인시켜 기뻐하게 만들었다. 그러고서 무공이 신하들에게 물었다. "내가 군사를 일으킨다면 어느 나라를 칠 수 있겠는가?" 대부인 관기사關其思가 답하였다. "호를 치면 좋겠습니다." 무공이 노하여 말하였다. "호는 형제의 나라다. 자네가 그 나라를 치라고 말하다니, 그게 무슨 소리인가!" 호나라의 군주가 이를 듣고 정나라가 자기에게 호의적이라 생각하여 드디어 정나라를 경계하지 않게 되었다. 그러자 정나라가 호를 습격하여 그 땅을 점령했다.

송나라에 부자가 있었는데 어느 날 비가 내려 담장이 무너졌다. 그 아들이 말하였다. "담을 쌓지 않으면 반드시 도둑이 들 것입니다." 이웃집 노인도 역시 그렇게 말하였다. 밤이 되자 과연 도둑이 들어서 재물을 크게 잃었다. 그 집에서 자기 아들은 지혜롭다고 여겼지만, 이웃집 노인은 의심하였다.

정나라의 관기사와 송나라의 노인 모두 말한 것이 적중했다. 그런데도 심한 경우는 죽임을 당하였고 가벼운 경우에는 의심을 받았다. 그런 까닭에 진실을 아는 것이 어려운 게 아니라, 아는 것을 사용하는 것이 어렵다는 것이다. 예를 들어 진秦나라의 요조繞朝가 진晉나라의 계책을 간파하고 진언하자, 진晉에서는 그를 두고 성인이라 여겼지만, 진秦에서는 죽음을 당하였다. 이를 잘 살펴보지 않을 수 없다.

옛날에 미자하彌子瑕가 위衛나라 군주에게 총애를 받았었다. 위나라 법에는 왕의 수레를 몰래 타면 뒤꿈치를 자르는 월형刖刑에 처하도록 되어 있었다. 하루는 어떤 이가 미자하의 어머니가 병이 났다는 말을 듣고 밤에 그를 찾아와서 소식을 알려줬다. 미자하가 거짓말을 꾸며내어 왕의 수레를 빌려 타고 나갔다. 군주가 전해 듣고 칭찬하여 말하였다. "효자로다! 어머니 생각에 월형까지 잊었구나." 또 어느 날 미자하가 군주를 모시고 과수원에 놀러 갔다. 복숭아를 먹다가 너무나 맛있어서 다 먹지 않고 그 반쪽을 군주에게 드렸다. 군주가 말하기를 "나를 아끼는구나! 그 좋은 맛을 잊고서 과인에게 주는구나"라고 하였다.

미자하의 아름다움이 쇠하고 왕의 총애가 엷어진 뒤, 문책을 받게 되자 군주가 말하였다. "이자가 이전에 거짓을 꾸며내어 내 수레를 몰래 탔다. 또 이전에 먹다 남은 복숭아를 내게 먹인 일이 있다." 미자하의 행동은 변한 것이 없었으나, 전에는 칭찬받던 똑같은 행동으로 문책을 받은 것은 군주의 마음이 변하였기 때문이다.

유세가가 군주에게 총애받고 있을 때는 그의 지혜가 수용되어 군주와 더욱더 친밀해진다. 그러나 군주에게 미움을 받게 되면 그의 말이 지혜로워도 왕의 뜻에 맞지 않아 책망을 듣게 되고 더욱더 멀어진다. 그런 까닭으로 간언諫言을 드리거나 담론談論을 펴는 사람은 자신이 군주에게 총애를 받는가 미움을 받는가를 확인한 뒤에 말할 수 있다.

무릇 용이란 짐승은 유순하여 길들여서 탈 수 있다. 그런데 그 턱밑에 직경이 한 자 되는 거꾸로 박힌 비늘, 역린逆鱗이란 것이 있다. 만약 용을 탄 사람이 그것을 건드리면 용은 그를 죽이고 만다. 군주에게도 역린이 있다. 유세가가 그 역린을 건드리지 않을 수 있다면 군주를 설득하여 움직일 수 있다. _ 세난(說難)

3-4.
법술가가 임금을 만날 수 없는 이유

이른바 지술지사智術之士는 사람을 잘 다루는 방법을
아는 자로 반드시 멀리 보고 명확하게 꿰뚫어 본다.
신하들을 명확하게 꿰뚫어 보지 아니하면 사적인 계
략을 들춰낼 수가 없다. 이른바 능법지사能法之士는 법
으로 다스리는 기술에 능한 자로 그 의지가 강고하여
엄격하게 행동한다. 일에 있어 엄격하지 않고서는 간
악한 무리들을 바로잡을 수가 없다.

신하 중에 명령대로 맡은 일을 행하면서 법에 따라
검토하여 직무를 하는 자는 '중인'重人이라 하지 않는
다. 중인이란 명령 없이 멋대로 행동하며 국법을 무
너뜨려 사익을 얻으면서 국고를 털어서 자기 집에 넣
고서는 그 힘으로 군주를 움직일 수 있는 자다. 이런
자를 일컬어서 중인이라고 한다.

지술지사는 명확하게 꿰뚫어 보니 등용하여 쓴다면 중인의 숨은 실정을 드러낼 것이다. 능법지사는 일에 있어 엄격하니 받아들여 쓴다면 중인의 간악한 행동을 바로잡을 것이다. 그러므로 지술지사·능법지사를 등용하면 세도 강한 신하들을 법과 맞지 않는다고 반드시 몰아내어 추방하고 말 것이다. 이러한 까닭으로 지술지사·능법지사와 요로要路: 영향력 있는 중요한 자리나 지위에 있는 중신들은 한 자리에 있을 수 없는 적대자라 하는 것이다.

실권을 지닌 자가 정치의 중추부를 장악하여 멋대로 조종하면 나라 안팎에서 모두가 그를 위해 움직이게 될 것이다. 이리하여 다른 나라 제후들도 그에게 의지하지 않으면 일이 되지 않으므로 상대국도 그를 위하여 칭송해 주게 된다. 백관百官도 그에게 의지하지 않으면 진척되는 일이 없어 신하들도 그를 위해 일해 주게 된다. 임금의 곁에 있는 내관들도 그에게 의지하지 않으면 군주 곁에 가까이에 갈 수 없어 좌우의 측근들도 그를 위해 비리를 숨겨 준다. 학사들은 그에게 의지하지 않으면 봉록이 적어지고 예우가 낮아지니 학사들도 그를 위해 여론을 형성한다. 이 네 가지 조력이야말로 사악한 중신들이 스스로를 위장하는 수단인 것이다.

이른바 법술지사法術之士는 법과 사람을 다루는 계책에 모두 능한 사람이다. 요로에 있는 자가 군주를 위하여 자기에게 적대적인 법술지사를 추천할 리가 없고, 군주 역시 중인을 위해 일을 하는 네 가지 조력자를 넘어서 사악한 신하들을 꿰뚫어 볼 수 없다. 그리하여 군주의 눈은 더욱 가리워지고 중인은 그 권세가 더욱더 강해진다.

요로에 있는 자가 군주에게 총애와 신임을 받지 않는 경우는 드물다. 오히려 오래도록 군주와 친숙하다. 군주의 마음에 딱 붙어서 좋아하고 싫어하는 취향을 맞추는 게 본래부터 그 자신이 출세하던 방법이다.

중신의 관작官爵은 높고도 무거우며 붕당 또한 많아서 온 나라가 칭송하게 되는 것이다. 그런 반면 법과 술術에 능통하여 군주에게 등용되기를 바라는 법술지사는 총애와 신임을 얻을 친밀함이 없고, 오래전부터 친숙하고 넉넉한 사이도 아니다. 게다가 법술지사는 논리적인 말로 군주의 치우치고 구부러진 마음을 바로잡으려고 하니, 이로써 군주와 서로 어긋나는 것이다. 그런 까닭에 지위는 비천하며 무리도 없이 홀로 고독하다.

군주와 소원한 관계를 가지고서 군주의 가까이서 총애와 신임을 얻은 자와 겨룬다면 승산이 없다. 새로 온 나그네가 오래도록 친숙한 자와 겨룬다면 승산이 없다. 군주의 의향에 동조하지 않는 자가 군주의 마음을 맞춰 주는 자들과 겨룬다면 승산이 없다. 세력 없고 낮은 신분으로 세력 있고 귀한 신분과 겨룬다면 승산이 없다. 한 사람의 입만으로 온 나라와 겨룬다면 승산이 없다. 이 다섯 가지 도저히 이길 승산이 없는 정세를 법술지사가 잡고 있으니 여러 해가 지나도록 여전히 군주를 만나볼 수가 없다.

반면에 요로에 있는 자는 이 다섯 가지 승세의 발판을 딛고서 아침저녁으로 군주와 독대하여 의견을 말한다. 상황이 이럴진대 어떻게 하여야 법술지사가 군주 앞에 나아갈 수 있겠으며, 언제가 되어야 군주가 깨달을 수 있겠는가.

처음부터 승산이 없고, 둘이 함께 존립할 수 없는 정세라면, 법술지사가 어찌 위험하지 않을 수 있겠는가. 없는 죄를 만들어서 씌울 수 있는 자는 공법으로 주살하고, 죄를 씌울 수 없는 자는 자객의 칼로 그 목숨을 빼앗는다. 그런 까닭에 법술에 능통하나 군주에게 거슬리는 자는 형리에게 죽지 않으면 반드시 자객의 칼에 죽게 된다. 그러나 붕당을 지어 군주의 눈을 가리고 법과 다른 말을 하며, 패권 잡은 중신의 사적 편의를 봐주는 사람들은 반드시 그의 신임을 받게 되어 그 작위가 높아진다.

지금 군주는 확실한 증거도 없이 형벌을 행사하고, 실제 공적을 보지도 않고 작록을 주고 있다. 이러하니 법술지사가 죽음을 무릅쓰고 간언할 수 있겠으며, 간신들이 이익을 버려두고 물러설 수 있겠는가. 때문에 군주의 위엄은 더욱 쇠하고 중신의 권세는 더욱 높아진다. _ 고분(孤憤)

3-5.
대국의 우환과 소국의 우환

예부터 월나라가 부유하고 강했지만 너무 멀리 떨어져 있어 중원의 군주들은 월나라가 자기들에게 아무 이득이 없다는 걸 잘 알고 있었기에 "우리가 통제할 수 있는 바가 아니다"라고 하였다.

지금 비록 어떤 나라가 땅이 넓고 인구가 많다 하더라도 군주의 이목이 가려지고 중신들이 정치를 전횡한다면 군주에게 그의 나라는 멀리 있는 월과 마찬가지일 것이다. 월나라에 힘이 미치지 못하는 것은 알면서도, 자신의 나라에 힘이 미치지 않는 것을 알지 못한다면, 그 유사함을 살피지 않는 것이다.

사람들이 제나라가 망했다고 말하는 까닭은 토지나 도성이 없어졌기 때문이 아니다. 군주인 여呂씨가 통제할 수 없게 되고 신하인 전田씨가 실권을 행사했기 때문이다. 진晉나라가 망했다고 말하는 까닭 역시 토지나 도성이 없어졌기 때문이 아니라 군주인 희姬씨가 통제할 수 없게 되고 신하들이 전횡했기 때문이다. 지금 만일 중신들이 모든 권한을 독단하고 있는데도 군주가 그 권한을 가져오지 않는다면 이야말로 그 군주의 어리석음이다. 병으로 죽은 사람과 같은 증세를 보이는 자는 살릴 수가 없으며, 멸망한 나라와 같은 정황을 보이는 나라는 존속시킬 수 없다. 나라의 안위를 바라면서 제나 진과 같은 행적을 밟는다면 나라의 안위를 바랄 수 없을 것이다.

법과 술이 실행되기 어려운 것은 제후의 나라 역시 마찬가지이다. 군주의 좌우 측근들이 반드시 지혜로운 사람일 수는 없다. 그런데도 군주가 어떤 이를 지혜롭다고 생각하면 그의 의견을 듣고 난 후 좌우의 측근들과 그것을 검토한다. 이는 어리석은 사람들과 함께 지혜로운 사람을 판단하게 되는 것이다. 군주의 좌우 측근이 반드시 현자일 수는 없다. 그런데도 군주가 현자라고 생각되는 이를 만나면 그를 예우하고 난 후 좌우 측근들과 그 행실을 논평한다. 이는 못난 사람들과 함께 현자를 논평하게 되는 것이다. 지혜로운 자가 그 정책을 어리석은 자에게 판정받고, 현자가 그 행실을 불초자에게 품평받는다면, 현자나 지혜로운 자 모두 치욕을 당하고 군주의 판단도 어긋나게 될 것이다.

신하가 되어서 관직을 바랄 때에 품행을 닦는 수사修士인 경우에는 정결하게 처신하며, 지혜를 닦는 지사智士인 경우에는 그 능력을 기른다. 수사는 정결하니 뇌물을 쓸 수 없고, 지사는 자신의 능력을 믿으므로 법을 어기고 편의를 꾀할 수 없다. 그런고로 수사나 지사는 좌우의 측근에게 의지하지 아니하고, 청탁을 들어주지도 아니한다.

군주 좌우의 측근들은 그 행위가 백이와는 다르다. 금품을 요구해서 얻어내지 못하면 정결함과 공적을 밝혀 주지 아니하고 사실에도 맞지 않는 중상모략만 일삼는다. 정치적 성과들이 측근에게 차단되고, 정결한 행위들이 그 의미가 훼손된 채 남의 입에 오르내린다. 그리하면 수사와 지사들이 관직을 그만두고 군주의 총명함도 막혀 버린다. 이처럼 실제 공적을 가지고서 그 역량을 평가하지 않고, 사실을 묻지 않은 채 죄과를 심리하고, 측근들의 말만 믿고 판단을 하게 되면, 무능한 사람만이 조정에 서게 되며, 부정하고 어리석은 관리만이 관직에 남게 된다.

대국의 우환은 중신의 권력이 지나치게 큰 것이고, 소국의 우환은 좌우의 측근들이 지나치게 신임을 받는 것이다. 이것이 모든 군주의 공통된 근심이다. 신하에게 큰 죄가 있으면 군주에겐 큰 손해가 생기는데, 이는 바로 신하와 군주의 이익이 서로 다르기 때문이다. 무엇으로 이것을 증명할 수 있는가. 군주의 이익이란 능력 있는 신하에게 관직을 맡기는 데 있으며, 신하의 이익이란 능력이 없는데도 일을 얻는 데 있다. 군주의 이익이란 수고한 신하에게 작록을 주는 데 있으며, 신하의 이익이란 수고하지 않고도 부귀해지는 데 있다. 군주의 이익이란 용맹한 호걸에게 능력을 발휘하게 하는 데 있으며, 신하의 이익이란 무리를 지어서 사욕을 도모하는 데 있다. 이러한 까닭으로 나라의 영토는 깎여도 사가의 부는 더하고, 군주는 낮아져도 대신의 권한은 막중해진다. 그리하여 군주는 세를 잃고 신하가 나라를 얻어, 군주와 신하 간의 명칭이 뒤바뀌고 나라를 잃게 된다. 이것이 바로 신하가 군주를 속여 사리를 도모할 수 있다는 것이다.

이런 까닭으로 중신들 중에 군주에게 변화가 생길 경우 계속 총애받을 자가 열 가운데 두셋도 없게 된다. 그 까닭이 무엇인가. 신하가 저지른 죄과가 크기 때문이다. 신하의 가장 큰 죄는 군주를 속이는 것으로 그 죄과는 사형에 해당한다. 지혜로운 사람은 멀리 내다보므로 죽음이 두려워서 결코 중인을 따르지 않고, 현자는 정결하므로 측근과 함께 그 군주를 속이는 일을 부끄러워하며 결코 중인을 따르지 않는다. 그러나 중인들은 어리석고 부정한 사람들과 한패가 되어 이익을 좇으면서, 서로 말을 맞추고서 군주를 현혹하고 국법을 파괴한다. 그럼에도 그 군주가 이를 막지 못하고서 나라가 멸망하지 않기를 바란다면 할 수 없는 일이다._고분(孤憤)

3-6.
화씨지벽도 평범한 옥인에겐 그저 보통 돌입니다

초나라의 화씨和氏가 초산에서 옥덩어리를 발견하여 두 손으로 받들고서 려왕厲王에게 바쳤더니 려왕이 옥인玉人에게 감정을 맡겼다. 옥인이 "그냥 보통 돌입니다"라고 하자 려왕이 화씨가 자기를 속였다고 생각하여 벌로 그의 왼발을 잘랐다. 려왕이 죽고 나서 무왕武王이 즉위하자 화씨가 또 옥덩이를 두 손으로 받들고서 바쳤더니 무왕이 옥인에게 감정을 맡겼다. 옥인이 또 "그냥 보통 돌입니다"라고 하자 무왕도 화씨가 자기를 속였다고 생각하여 벌로 그의 오른발을 잘랐다.

무왕이 죽고 나서 문왕文王이 즉위하자, 화씨가 초산에서 옥덩이를 껴안고 사흘 밤낮을 통곡하니 눈물이 다 마르고 피가 흐를 정도였다. 그 소문을 왕이 듣고 사람을 보내어 까닭을 물었다. "벌로 발이 잘린 이가 천하에 많은데, 자네 혼자 어찌 그리 슬퍼하며 큰 소리로 우는가?" 화씨가 대답했다. "저는 발이 잘려 슬퍼하는 것이 아닙니다. 저것이 보옥인데 보통 돌이라 불리고, 제가 정직한 사람인데 거짓말쟁이라 불리는 것이 슬프기 때문입니다." 왕이 이에 옥인을 시켜 옥덩이를 다듬어 보옥을 얻었다. 드디어 이름 붙여 '화씨지벽'和氏之璧이라 했다.

보옥이란 군주가 탐을 내는 물건이고, 화씨가 바친 옥덩이가 아름답지 못하여도 해가 되지는 않았다. 그럼에도 두 발이 잘린 뒤에야 보옥인 것이 드러났다. 보옥을 감정하는 어려움이 이와 같은 것이다.

지금의 군주들이 법술法術을 생각함은 화씨지벽을 탐내는 것에 미치지 못한다. 그렇지만 법술만이 신하들과 사민士民들의 간사한 행위들을 금지시킬 수가 있다. 그 때문에 법과 술은 나라의 보옥이라 할 만하다. 그런데 만약 그것을 바치는 법술지사가 참형을 당하지 않았다면 다만 아직 법法과 술術을 올리지 않았기 때문일 것이다.

군주가 술術을 사용하면 중신들이 제멋대로 일을 재단할 수 없고, 감히 측근들이 권세를 팔 수 없다. 또 관료들이 법에 따라 나랏일을 행한다면 떠돌던 백성들은 밭을 갈러 몰려가고, 놀고먹는 사람들은 전쟁터로 갈 것이다. 때문에 법술이라고 하는 것은 간악한 신하들과 사민에겐 근심이 된다. 군주가 능히 중신들의 의론을 거스르고 사민들의 비난들도 무시하고, 오로지 법과 술의 도를 따르지 않는다면 법술지사가 죽더라도 법술의 도는 평가받지 못할 것이다.

초나라 도왕悼王을 오기吳起가 가르칠 때 초나라의 정황을 지적하여 말하였다. "중신들의 권세가 지나치게 강하고 토지를 봉해 받은 영주가 너무 많습니다. 이와 같으면 그들이 위로는 군주를 핍박하고 아래로는 백성들을 학대하게 될 것입니다. 이는 나라를 가난하게 하고 군대를 약화시키는 길입니다. 그러므로 삼대가 지나면 영주의 자손에게 그 작록을 몰수하고, 할 일 없는 관리들의 녹봉은 끊어 버리며, 쓸데없는 기관도 줄이십시오. 그리고 그 자리에 가려 뽑은 선비들을 천거하는 것이 좋습니다." 도왕이 그 말을 듣고 실행은 하였으나, 일 년 만에 왕이 죽자 오기는 초나라에서 사지가 잘리는 형벌을 당하였다.

상군商君이 진秦나라 효공孝公을 다음과 같이 가르쳤다. 작게는 다섯 가구, 크게는 열 가구씩 조직으로 엮어서는 연좌제를 설정하고, 『시경』・『서경』을 불태워서 법령만을 밝게 하고, 세도가의 청탁을 막고 공 있는 자를 추천하게 하였다. 관직을 바라고서 타국으로 떠도는 것을 막고, 농사짓고 군역하는 것을 치하하게 하였다. 효공이 그대로 실행하니 군주의 지위가 존엄해지고 나라가 부강해졌다. 그러나 팔 년 뒤에 효공이 죽었을 때 상군은 진나라에서 거열車裂형에 처해졌다.

초나라는 오기의 의견을 금세 버려서 결국 영토가 작아지고 나라 안이 어지러워졌다. 그러나 진나라는 상군의 법이 자리 잡아 부강하게 되었다. 두 사람의 주장은 정말 옳은 것이었다. 그럼에도 오기는 사지가 잘리고 상군이 거열형을 받은 것은 무슨 까닭인가. 중신들은 바른 법을 고통으로 여기고, 나약한 백성들은 엄격한 다스림을 싫어했기 때문이다. 한데 오늘날 중신들이 권세를 탐하고 나약한 백성들이 혼란에 익숙함은 당시의 진·초보다 심하다. 더구나 군주는 도왕이나 효공만큼 신하의 의견을 받아들일 능력도 없다. 그러니 어찌 능히 법술지사가 위험을 무릅쓰고 자신의 법과 술을 드러낼 수 있겠는가. 이것이 바로 세상이 어지러워지고 패왕이 나타나지 않는 까닭이다. _화씨(和氏)

3-7.
신하가 가진 여덟 가지 간악한 수단

신하된 자가 간악한 일을 성취하는 방법에는 여덟 가지가 있다.

첫째는 동상同牀, 즉 잠자리를 함께하는 자를 말한다. 귀부인, 애첩들과 특별히 사랑하는 미인이 이들이니 군주를 유혹하는 자들이다. 안락한 침상의 즐거움을 기회로 삼거나, 왕이 취하고 만족스러운 틈을 타서 원하는 것을 청한다면, 이것은 반드시 들어주게 되어 있다. 신하가 이들에게 은밀하게 금과 옥을 건네주고 군주를 현혹시키니, 이것을 일러 '동상'이라 한다.

둘째는 재방在旁, 즉 군주를 곁에서 모시는 자들로 광대와 난쟁이, 좌우의 측근과 같이 왕과 친숙하게 지내는 자들을 말한다. 이들은 군주가 명한 것이 없는데도 '예예' 하고, 시킨 것이 없는데도 머리를 끄덕인다. 또 군주가 생각하기도 전에 그 의도를 따르고자, 용모를 관찰하고 안색을 살펴서 군주의 마음을 먼저 아는 자들이다. 모두 함께 나아가고 모두 함께 물러나며 입을 맞춰 응대한다. 똑같이 말을 하고 똑같은 궤적을 따라 모두 함께 행동하여 군주의 마음을 움직인다. 신하가 이들에게 금옥金玉과 애완물愛玩物을 은밀하게 건네주고 밖으로는 법을 피해 그들을 도와주며, 그들로 하여금 군주를 변화시키니 이를 일러 '재방'이라 한다.

셋째는 부형父兄으로 군주의 옆에 있는 숙부들과 서형제인 공자公子들을 말한다. 이들은 군주가 친애하는 왕가의 친척들로 조정의 대신이 되어 군주와 더불어서 계책을 도모하는 사람들이다. 이들이 모두 함께 전력으로 논의하면 군주가 반드시 들어주게 되어 있다. 때문에 신하들은 사사로이 가인歌人과 무녀舞女들을 왕실의 인척에게 바치면서 섬기고, 듣기 좋은 말들로 대신들의 마음을 잡는다. 그러고는 겸손한 언행으로 그들에게 할 일을 알려주면, 일이 성사되고 작위가 올라가고 봉록이 더 늘어나 환심을 사게 된다. 이로써 군주의 권한을 해치게 된다. 이것을 일러 '부형'이라 한다.

넷째는 양앙養殃, 즉 재앙을 조장하는 것을 말한다. 군주가 궁궐과 정원을 화려하게 만드는 것을 즐기고, 미녀나 개와 말을 아름답게 꾸미는 것을 좋아하는 것을 가리켜 군주의 재앙이라고 한다. 신하란 자가 백성들을 동원하여 아름다운 궁궐과 정원을 짓고, 세금을 늘려 미녀나 개와 말을 장식하며, 그 즐거움으로 군주의 마음을 어지럽히고, 그 욕망을 채워준 뒤 그 사이에서 사익을 키우는 것을 '양앙'이라 한다.

다섯째는 민맹民萌, 즉 신하가 백성들의 마음을 얻는 것을 말한다. 신하란 자가 제 맘대로 공적인 재화를 털어서 백성들을 기쁘게 하며, 사적으로 작은 은혜를 베풀어 백성들의 마음을 얻는다. 그렇게 조정과 백성들이 모두 자기를 칭송하게 함으로써 백성에게 그 군주의 은혜가 미치는 것을 막고 자기가 바라는 바를 이룬다. 이것을 일러 '민맹'이라 한다.

여섯째는 유행流行, 즉 변설辨說을 이용하는 것을 말한다. 군주란 본디 신하들과 자유롭게 대화할 수 없어 다양한 의견을 들을 기회가 드물어서 변설로 그 마음을 움직이기 쉽다. 그런데 신하란 자가 제후국의 변사들을 불러오고 나라 안에서도 말 잘하는 사람들을 길러서는, 그들로 하여금 자기에게 이익이 되는 주장을 교묘하게 꾸민 말과 유창한 연설로써 군주에게 하게 한다. 자기에게 이로운 상황만을 군주에게 보여

주고, 걱정스런 재앙으로 겁을 주며, 군주를 혼란스
럽게 하는 허황된 말을 늘어놓으니, 이것을 일러 '유
행'이라 한다.

일곱째는 위강威强, 즉 위세가 강한 것을 이용하는 것
을 말한다. 군주란 신하들과 만백성의 힘을 빌려 강
하게 위세를 부리는 자이다. 그러므로 신하들과 백성
들이 좋아하는 것을 군주도 좋다 하고, 신하들과 백
성들이 좋아하지 않으면 군주도 그것을 좋다고 하지
않는다. 그런데 신하란 자가 허리에 칼을 차고 다니
는 협객을 모으고, 죽기를 각오하는 무사를 길러 내
어 그 위세를 드러낸다. 그리고는 자기를 위하는 자
는 반드시 혜택을 주며 자기를 위하지 않는 자는 반
드시 죽인다고 밝힌다. 이렇게 신하들과 백성들을 두
렵게 만들어서 사적인 이익을 늘려 가니, 이를 일러
'위강'이라 한다.

여덟째는 사방四方, 즉 외국을 이용하는 것을 말한다.
군주는 나라가 작으면 큰 나라를 섬기고, 병력이 약
하면 강한 군대를 두려워한다. 큰 나라의 요구를 작
은 나라는 반드시 들어주며, 강한 군대가 밀려오면
약한 군대는 반드시 굴복한다. 이에 신하란 자가 세
금을 늘리고 나랏돈을 동원해서 큰 나라를 섬긴 뒤
에 국고를 다 비우고 외세를 등에 업고 군주를 농락

한다. 심한 경우에는 강국의 군사를 일으켜서 국경에 집결시켜 나라 안을 통제하며, 그보다 덜할 때는 대국의 사신들을 자주 불러들여 군주를 떨게 하니, 이를 일러 '사방'이라고 한다.

이 여덟 가지는 신하된 자가 간악한 일을 성취하는 수단이며, 세상의 군주가 외부와 차단되고 위협당하다 나라를 잃게 되는 원인이니 면밀히 살피지 않을 수 없다. _ 팔간(八姦)

3-8.
망국의 군주란 실권이 없는 왕이다

현명한 군주는 내궁에 들어가서 여색을 즐기지만, 여
인들에게 공적인 일에 관한 어떤 말도 하지 않고, 사
적인 청탁을 감히 할 수 없게 한다. 좌우의 측근들에
게는 그들이 말한 것을 반드시 실행하고 책임지게 하
며 쓸데없는 말을 더는 못하게 한다. 왕가의 종친이
나 중신들이 하는 말은 우선 받아들이지만 반드시 그
이후에 형벌을 가지고서 책임을 지게 하여 경솔한 행
동을 못하게 한다. 군주가 보고 듣고 즐기면서 애호
하는 사물들을 진상할 땐, 그 출처를 꼭 알려서 신하
가 마음대로 올리거나 물리치지 못하게 만든다. 그리
하면 신하들이 왕의 뜻을 제멋대로 헤아리지 못하게
된다.
군주가 백성에게 은혜를 베풀 때는 왕실의 창고에서

재물을 방출하고, 곡식들이 쌓여 있는 큰 창고를 개방하여 백성에게 고루고루 이익을 주게 한다. 이때는 반드시 왕명으로 은혜를 베풀어서 신하가 사적으로 은혜를 베푸는 일이 없게 한다. 사람들에 대한 이야기를 들을 때엔, 칭찬받는 사람들의 좋은 점이든, 비방받는 사람들의 나쁜 점이든, 반드시 그 능력을 실제로 확인하고 그 잘못을 면밀하게 살펴보아, 신하들끼리 말을 맞춰 보지 못하게 한다. 용력勇力을 내세우는 사람들에게는 군대에서 세운 공보다 큰 상을 주지 않는다. 또 저잣거리에서 힘 겨루며 다투는 경우에는 용서하지 아니하며, 신하들이 사적으로 군대를 양성하지 못하도록 한다. 다른 나라 제후들이 재화를 요구할 때는 도리에 합당하면 그 청을 들어주고 도리에 안 맞으면 그 청을 거절한다.

망국亡國의 군주란 나라를 소유하지 못한 자가 아니라 가지고 있음에도 그 나라가 실제로는 그의 것이 아닌 자이다. 만약 신하들이 외세를 이용하여 국내 상황을 제어하면 이는 바로 군주가 망한 것과 다름없다. 대국大國의 요구를 들어주는 것은 망해 가는 나라를 구하기 위함인데, 요구를 들어주면 거절하는 경우보다 더 빠르게 망하는 것이니 들어주지 않는다. 신하들이 자신의 청을 군주가 들어주지 않는다는 것을 알면 밖으로 제후들과 교섭하지 않을 것이다. 다른 나라 제후 역시 그 군주가 신하의 의견을 들어주지 않는 것을 알게 되면 그 신하가 군주의 일을 거짓으로 속이더라도 받아들이지 않을 것이다.

현명한 군주가 관직과 작위와 봉록을 마련함은 능력 있고 재능 있는 인재를 등용하고 공로가 있는 자를 격려하기 위해서다. 그러므로 말하기를 "훌륭한 인재는 후한 녹祿을 받고 요직에 임명되며, 공로가 큰 자는 높은 작위를 얻고 많은 상을 받는다"고 한다.

현자를 관직에 나아가게 할 경우엔 그 능력을 잘 헤아려서 봉록이 그 공로와 맞게 한다. 이렇게 하면 현자라고 능력을 속여 가며 군주를 섬길 수 없고, 공을 쌓을 수 있는 자는 전력으로 일하는 것을 기꺼이 즐기게 된다. 그런 까닭으로 일마다 완성되고 공적이 이뤄진다. 그러나 이 시대는 그렇지 못하다.

그 능력과 어리석음을 검토조차 하지 않고 공로의 유무를 따지지도 않는다. 제후들이 중히 여기면 그대로 등용하고 좌우 측근이 청탁하면 그대로 들어준다. 부형이나 중신들은 위로는 군주에게 작위와 봉록을 주라고 긴하게 청을 넣고, 아래로는 관직을 팔아 재물을 끌어 모아 마침내는 그것으로 사사로이 도당을 만든다. 재물이 많은 자는 돈으로 관직을 사서 귀한 신분으로 올라가고, 군주의 측근과 교제가 있는 자는 부당하게 청탁하여 권세를 강화한다. 그러면 공로 있는 신하가 중시되지 않고, 관직을 옮겨 가는 것도 사리에 맞지 않게 된다. 이리하여 관리들은 관직을 도둑질하고 밖으로만 교류하며 조정 일은 버려두고 재물만을 가까이한다. 그리되면 능력 있는 인재들도 태만해져 힘써 일을 하지 않고 공적이 있는 사람들도 게으름을 피우면서 제 할 일을 소홀히 한다. 이것이 야말로 나라가 망하는 풍조이다. _ 팔간(八姦)

3-9.
재앙은 가까운 사람에게 있다

군주의 화는 사람을 믿는 데서 비롯된다. 다른 사람을 믿으면 그에게 이용당하게 된다. 신하는 군주와 혈육으로 맺어진 자가 아니라, 군주의 위세에 얽매여 섬기지 않을 수 없는 자이다. 그 때문에 신하는 군주의 마음을 엿보고 살피느라 잠시도 쉬지 않는다. 그런데 군주는 위에서 게으름을 피우면서 교만하게 처신한다. 이것이 신하가 군주를 겁박하고 시해하는 일이 발생하는 까닭이다.

군주가 자신의 아들을 매우 신뢰하면, 간악한 신하들은 그 아들을 이용하여 사욕을 채우려고 할 것이다. 조나라의 태자를 보좌하던 이태李兌는 태자와 함께 그 왕을 굶겨 죽였다. 군주가 자기 부인을 지나치게 신뢰하면, 간신들은 그 부인을 이용하여 사욕을 채우려고 할 것이다. 진晉나라의 광대 우시優施는 총애받는 여희麗姬의 세도를 빌려, 태자 신생申生을 살해하고 해제奚齊를 옹립했다. 이와 같이 가까운 처와 혈육인 자식도 믿을 수가 없으니 그밖의 사람들도 믿을 수가 없다.

왕과 제후의 부인이나 후비 혹은 태자가 된 적자嫡子 중에 간혹 군주가 일찍 죽기를 바라는 자가 있다. 어찌 그러한 것을 알 수 있는가. 부부간에는 골육의 정이 없다. 애정이 있을 땐 가깝지만 애정이 없으면 멀어진다. 그런데 '어미가 사랑스러우면 그 자식도 안아 준다'는 말이 있다. 이 말을 뒤집으면 '어미가 미우면 자식을 내버린다'는 말이 된다. 장부는 나이가 오십이 되어도 여색을 좋아하는 마음이 사라지지 않으나, 부인은 나이가 삼십만 되어도 미모가 쇠한다. 미모가 쇠한 부인이 호색한 장부를 섬기면, 자신이 소외되고 천대받지 않을까 염려하고, 자식이 왕위를 계승하지 못할까 의심하게 된다. 이것이 후비와 부인들이 군주가 죽기를 바라는 이유이다.

어머니가 태후가 되고 자식이 군주가 되면 명령을 내렸을 때 실행되지 않는 것이 없고, 금지를 명하면 멈추지 않는 것이 없다. 남녀간의 즐거움도 선왕이 살아 있을 때보다 줄어들지 않으며, 만승의 대국을 제멋대로 하여도 두려울 것이 없다. 이것이 부인들이 독주를 이용하고 교살을 시도하는 까닭이다. 때문에 『도좌춘추』桃佐春秋에는 "군주가 병으로 죽는 경우는 절반도 안 된다"는 말이 있다. 군주가 이것을 모르고 지낸다면 환난이 일어날 빌미가 많아진다. 그러므로 '군주의 죽음으로 이익을 얻는 사람이 많을수록 군주는 위험해진다'고 하는 것이다.

예전에 왕량王良이 말을 사랑한 것은 전장에서 몰기 위함이요, 월나라 구천句踐이 사람을 아꼈던 것은 전쟁을 함께하기 위해서였다. 의사가 환자의 상처를 빨아 피와 고름을 입에 머금는 것은 골육의 정이 있어서가 아니라 이익을 얻기 위함이다. 수레를 만드는 사람은 수레를 완성하면 사람들이 부귀해지기를 바라며, 관을 짜는 사람은 관을 만들면서 사람들이 일찍 죽기를 바란다. 그러나 이것은 수레를 만드는 사람은 어질고, 관을 만드는 사람은 악하기 때문이 아니다. 사람이 부유해지지 않으면 수레가 팔리지 않고, 사람이 죽지 않으면 관을 팔 수 없기 때문이다. 관을 만드는 사람이 다른 사람들을 증오해서 그러는 것이 아니라 사람이 죽어야 이득이 있기 때문이다.

후비와 부인과 태자가 붕당을 만들고 군주가 죽기를 바라는 것은 군주가 죽지 않으면 세력을 키울 수 없기 때문이다. 그들이 정말 군주를 증오해서가 아니라 군주가 죽어야 이익이 생기기 때문이다. 따라서 군주는 자신이 죽었을 때 이익이 생기는 사람들을 경계하지 않을 수 없다. 그러므로 '해와 달이 밝은 빛으로 에워싸도 적은 그 안에 있다'고 하는 것이다. 이로써 보건대 사람들은 증오하는 자들을 방비하지만, 재앙은 사랑하는 자에게 있다. 때문에 현명한 군주는 검증되지 않은 일은 실행하지 않고, 평소와 다른 음식은 먹지 않는다. _ 비내(備內)

3-10.
신하에게 권한을 넘겨주어선 안 된다

현명한 군주는 먼 곳의 일까지 귀를 기울이고, 가까이 있는 일들은 직접 확인하며 조정 안팎의 잘못을 밝혀낸다. 또한 대신들의 의견이 같고 다른 것을 살펴 붕당이 나뉜 것을 헤아린다.

신하가 내세우는 실적들을 여러 가지 증거와 대조하고, 신하가 집행한 정책들이 그가 전에 했던 말과 부합하는지를 살펴본다. 법률에 따라 백성들을 다스리고, 여러 단서들을 참조하여 관찰한다. 관리들이 요행으로 상을 받는 일이 없게 하며, 분수에 넘치는 행동을 하지 못하도록 한다. 사형을 내릴 땐 반드시 합당해야 하고, 죄가 있을 땐 사면해 주지 않는다. 이렇게 되면 간사한 자들이 사욕을 품을 수 없게 된다.

부역이 많으면 백성들이 고통스럽고, 백성들이 고통

스러우면 관리들의 권세가 커진다. 관리들의 권세가 커지면 백성들의 부역을 면제해 주고, 백성들의 부역을 면제해 주면 관리들이 부유해진다. 백성들을 고생시켜 관리를 부유하게 하고, 권세를 행사할 일을 만들어서 신하들에게 그 권세를 빌려 주는 것은 천하를 오랫동안 이롭게 하는 방안이 아니다. 그래서 '부역이 적으면 백성들이 편안하고, 백성들이 편안하면 관리들이 권세를 강화할 수 없으며, 관리들이 권세를 강화하지 못하면 권세는 사라지고, 권세가 사라지면 그 덕은 군주에게 있게 된다'고 하는 것이다.

이것은 물이 불을 이길 수 있는 것과 같이 자명한 이치이다. 그러나 불과 물의 중간에 가마솥을 두면, 물은 끓어올라 위에서 모두 증발하지만 불은 솥 아래에서 성대하게 타오르게 되니, 물이 불을 이길 수 없다. 법치로 간사함을 금할 수 있음은 물이 불을 이기는 것보다 더 명백한 일이다. 그러나 간사한 신하가 법률을 집행하며 가마솥의 역할을 수행하면, 법률은 단지 군주의 마음속에서만 명백할 뿐, 간사함을 제압할 힘을 상실한다.

옛날부터 전해져 오는 말과 『춘추』의 기록을 살펴보면, 법을 어기고 군주를 배반하며 크게 사악한 일을 범하는 자는 모두 높고 귀한 신분의 신하들이었다.

그런데도 일상에서 법령에 따라 처벌을 받는 대상은 항상 비천한 사람들이다. 그래서 백성들이 절망하고 호소할 곳이 없게 되었다.

중신들은 저희끼리 작당하여 군주의 눈과 귀를 가리며, 한통속이 되어서 암암리에 서로 도우면서도 겉으로는 사이가 나쁜 척한다. 군주에겐 사심이 없는 것처럼 내보이며, 서로의 눈과 귀가 되어 군주의 틈을 엿본다. 군주는 이목이 가려져서 상황을 들을 방도가 없으니, 이름만 있고 실세가 없게 되며, 신하가 법을 혼자서 집행하게 된다. 과거의 주周 천자가 바로 이런 경우이다. 군주의 권세를 빌려 주면 상하의 위치가 바뀌게 된다. 이것이 '신하에게 권세를 빌려 주어서는 안 된다'고 하는 까닭이다. _ 비내(備內)

낭송Q 큰글자책 시리즈
제자백가편
낭송 한비자

4부
나라를 해치는 다섯 가지 좀벌레

4-1.
성왕의 법을 따르는 것은 수주대토守株待兎일 뿐이다

상고上古시대 세상에는 사람은 적고 새와 짐승이 많았다. 사람들은 새와 짐승, 곤충과 뱀을 이기지 못하였다. 그때 한 성인이 나타나 나무를 엮어서 둥지처럼 집을 만드니 여러 가지 위험을 피할 수 있었다. 이에 사람들이 기뻐하며 그를 천하의 왕으로 삼고 유소씨有巢氏라 불렀다.

상고시대에 사람들은 과일·열매·조개 등을 먹었는데, 비린내와 악취가 나서 위장에 해를 입고 병든 사람이 많았다. 그때 한 성인이 나타나 부싯돌로 불을 얻어 비린내를 없앴다. 이에 사람들이 기뻐하며 그를 천하의 왕으로 삼고 수인씨燧人氏라 불렀다.

중고中古시대에는 천하에 큰 홍수가 일어났는데, 곤鯀과 우禹가 물길을 텄고, 근고近古시대에는 걸왕과 주왕이 난폭하여 탕왕과 무왕이 그들을 정벌했다.

만약 하후씨가 살던 중고시대에 나무를 엮어 집을 짓고 부싯돌로 불을 만드는 자가 있었다면 반드시 곤과 우의 웃음거리가 됐을 것이다. 또 은殷나라와 주周나라 때 물길을 트려는 자가 있었다면 반드시 탕왕과 무왕의 웃음거리가 됐을 것이다. 그러므로 지금 세상에 요, 순, 우, 탕, 무의 도를 찬미하는 자가 있다면 반드시 이 시대 성인들의 웃음거리가 될 것이다. 이 때문에 성인은 옛것을 따르기를 고집하지 않고, 일정한 법칙만을 고수하지 않으며, 시대의 문제에 따라 방도를 세운다.

송나라에 밭을 가는 사람이 있었다. 그의 밭 가운데 나무 그루터기가 있었는데, 토끼가 달려가다 그루터기에 부딪혀 목이 부러져 죽었다. 그러자 농부는 쟁기를 놓고 그루터기를 지키며 다시 토끼를 기다렸다. 토끼는 다시 얻을 수 없었으며, 그 자신은 송나라 사람들의 웃음거리가 되었다. 고대 제왕의 정치를 따라 현재의 백성을 다스리려고 하는 자는 모두 그루터기를 지키는 송나라 사람과 같은 부류이다.

고대에는 남자가 경작을 하지 않아도 초목의 과실로 충분히 먹을 수 있었고, 여자가 길쌈을 하지 않아도 짐승의 가죽으로 충분히 입을 수 있었다. 힘써 일하지 않아도 살기에 넉넉했고, 인구가 적어 재화에 여유가 있었기에 서로 다투지 않았다. 이 때문에 후한 상을 주고 중벌을 내리지 않아도 백성들은 저절로 다스려졌다.

그런데 지금은 다섯 명의 자식이 있어도 많다고 생각하지 않고, 그 자식들 또한 각기 다섯씩 자식을 낳으니, 할아버지가 아직 죽지 않았는데 스물다섯 명의 손자가 있게 된다. 이 때문에 인구는 많아지고 재화는 부족해져 수고롭게 일을 해도 모두 함께 생활하기에 부족하다. 그리하여 백성들은 다투고 비록 상을 두 배로 하고 벌을 자주 내릴지라도 어지러움을 면하지 못하게 된다.

요임금이 천하를 다스리는 임금이 되었을 때, 띠풀을 엮어 지붕에 얹되 처마 끝을 다듬지 않았고, 서까래 없는 나무를 깎지 않았다. 음식은 기장밥과 콩잎국을 먹었고, 겨울에는 사슴의 가죽옷을 입고 여름에는 갈옷을 입었다. 지금은 문지기의 생활도 입고 먹는 것에 있어 요임금보다 못하지 않다.

우임금은 천하를 다스리는 임금이 되어서도 몸소 삽과 쟁기를 잡고 백성들보다 먼저 일을 하였다. 볕에 그을려 넓적다리가 희지 않았고, 물에 쓸려 정강이에는 털이 나지 않았다. 지금은 비록 종과 노예들의 노동일지라도 이보다 고달프지는 않다.

이로써 살펴보면 옛날 성왕들이 천자의 자리를 양보하는 것은 문지기의 삶을 버리고 종이나 노예 같은 노동에서 벗어나는 것이었다. 고로 천하를 양보하는 것이 대단한 일이 아니다. 그러나 지금의 현령은 어느 날 갑자기 자신이 죽어도 자손은 대대로 마차를 타는 생활을 할 수 있다. 그 때문에 사람들이 그 자리를 중시하는 것이다. 사람들이 자리를 물려줌에 있어서 고대의 천자를 그만두기는 쉽지만 지금의 현령 자리를 떠나기 어려운 것은 이로움의 얇고 두터움이 실제로 다르기 때문이다.

무릇 산에 살면서 계곡에서 물을 긷는 사람들은 루膢제사 2월에 수렵을 위해 지내는 제사와 랍臘제사 섣달 명절에 지내는 제사 때 물을 선물로 보낸다. 하지만 늪지대에 살면서 물 때문에 고통을 겪는 사람들은 사람을 사서 물길을 튼다. 기근이 든 해의 봄에는 어린 동생에게도 밥을 주지 않으나, 풍년이 든 가을에는 지나가는 나그네도 반드시 먹인다. 이것은 혈육을 멀리하고 과객을 아껴서가 아니라 식량의 많고 적음이 다르기 때문이다.

이로써 보건대 옛날에 재화를 가벼이 여긴 것은 인자해서가 아니라 재화가 많았기 때문이며, 오늘날 다투어 빼앗는 것은 인색해서가 아니라 재물이 적기 때문이다. 천자의 자리를 사양한 것은 고매해서가 아니라 권세가 약했기 때문이고, 벼슬을 두고 쟁탈하는 것은 비루해서가 아니라 권세가 중하기 때문이다.

성인은 항상 물자의 적고 많음을 고려하고, 권세의 얇고 두터움을 생각하며 정치를 한다. 고로 형벌이 가볍다고 해서 자애로운 것이 아니고, 형벌이 엄하다고 해서 잔혹한 것이 아니다. 단지 습속에 맞춰 행하는 것이다. 그러므로 일은 세속의 변화에 따라 하며, 대비는 상황에 적절해야 한다. _ 오두(五蠹)

4-2.
상황이 다르면 방책도 바뀌어야 한다

옛날 문왕이 풍豊과 호鎬 땅 사이에서 자리 잡고 있었을 때 다스리는 땅이 사방 백 리밖에 되지 않았다. 그럼에도 인의를 행하여 서융을 감화시켜 마침내 천하의 왕이 되었다.

서徐 땅의 언왕偃王이 한수 동쪽에 자리 잡고 있었을 때 다스리는 땅이 단지 오백 리밖에 되지 않았다. 그럼에도 그가 인의를 행하자 그에게 땅을 잘라 주고 조회에 드는 나라가 서른여섯이나 되었다. 그렇게 되자 초나라 문왕이 서나라가 자기 나라를 해칠까 두려워 병사를 일으켜 서나라를 공격하니 마침내 멸망하였다.

이와 같이 문왕은 인의를 실천해 천하의 왕이 됐지만 언왕은 인의를 실행해 그 나라를 잃었다. 이것은 인의가 옛날에는 쓰였으나 현재에는 쓰이지 않기 때문이다. 그러므로 '시대가 다르면 할 일도 다르다'고 하는 것이다.

순舜임금의 시대에 묘족苗族이 복종하지 않자, 우禹가 그들을 정벌하려고 했다. 순임금이 말했다. "옳지 않다. 군주가 덕을 쌓지 않고 무력을 행하는 것은 도가 아니다." 이에 삼 년간 교화시킨 뒤에 방패와 도끼를 든 군인들을 시켜 그들 앞에서 군무를 추게 하자 묘족이 복종하였다. 그러나 공공共工과의 전쟁에서는 긴 쇠작살로 적을 공격하니 갑옷이 견고하지 않은 자는 몸에 부상을 입었다.

이것으로 보건대 방패와 도끼를 들고 추는 춤은 고대에는 통했으나 현재는 사용할 수 없다. 그런 까닭에 '상황이 다르면 방비하는 법도 변해야 한다'고 하는 것이다. 상고에는 도와 덕을 경쟁했고, 중세에는 지모를 겨루었으며, 현재에는 기력을 다툰다.

제나라가 노나라를 공격하려고 하자, 노나라는 자공을 시켜 제나라를 설득하고자 했다. 제나라 사람이 말하였다. "그대의 말이 틀린 것은 아니지만, 우리가 바라는 것은 토지이지 이런 명분이 아니다." 그러고는 마침내 군사를 일으켜 노나라를 정벌해 성문 밖 십 리까지 땅을 빼앗고 그곳을 경계로 삼았다.

요컨대 언왕은 인의를 행했지만 서나라는 망했고, 자공은 언변과 지모가 뛰어났지만 노나라는 영토가 깎이게 되었다. 이로써 말하면 무릇 인의, 언변, 지모는 나라를 지탱해 주는 수단이 못 된다. 만약 언왕은 인을 버리고, 자공은 그 지모를 쉬게 하고, 서나라와 노나라가 힘을 길러 만승의 대국을 대적했다면, 제나라와 초나라의 야망도 두 나라에서는 실현되지 못했을 것이다.

옛날과 지금은 풍속이 다르고, 새로운 일과 옛일은 대비하는 방법이 다르다. 만약 관용을 베푸는 느긋한 정치로 급박한 세상의 백성을 다스리려고 한다면 고삐와 채찍도 없이 거친 말을 다스리려는 것과 같다. 이것은 현실을 몰라서 생기는 병폐이다. _오두(五蠹)

4-3.
유가와 묵가가 말하는 인의仁義로는 부족하다

지금 유가儒家와 묵가墨家가 모두 말하기를 "선왕이 천하를 두루 사랑해서 백성 보기를 부모처럼 했다"고 한다. 어떻게 그것을 증명할 수 있겠는가? 그들은 이렇게 말한다. "법관이 형벌을 집행하면 군주가 음악을 즐기지 않았고, 사형을 집행했다는 보고를 들으면 군주가 그 때문에 눈물을 흘렸다." 이것이 선왕의 사례이다.

그들이 군주와 신하가 아버지와 아들 같았다고 하는 것은 반드시 다스려졌다는 것을 의미한다. 이 말을 미루어 보면 아버지와 아들 사이에는 불화가 있을 수 없다는 말이 된다. 그러나 사람의 정이란 부모의 마음보다 나은 것이 없지만, 부모의 사랑을 받았다고 모든 자식이 반드시 다스려지는 것은 아니다. 비록 군주가 사랑이 두터워도 어찌 불화가 없겠는가?

지금 선왕이 백성을 사랑하는 것은 부모가 자식을 사랑하는 것을 넘지 못한다. 자식도 반드시 불화를 만들지 않는 것이 아닌데, 백성이 어찌 다스려지겠는가. 또한 법에 따라 형벌을 집행하자 군주가 그 때문에 눈물을 흘렸다는데, 이것은 인자함을 드러내는 것이긴 하나 다스림을 행하는 것은 아니다. 눈물을 흘리며 형벌을 바라지 않는 것은 인仁이요, 형을 집행하지 않을 수 없는 것은 법法이다. 선왕이 법을 우선하고 눈물을 따르지 않은 것은 인만으로는 백성을 다스릴 수 없다는 게 분명하기 때문이다.

백성들 중에 권세에 복종하는 자는 많지만 의義를 생각할 수 있는 자는 적다. 공자는 천하의 성인으로 수행하여 도道를 밝히고 천하를 돌아다녔다. 온 천하가 그 인을 좋아하고 그 의를 찬미하였으나, 심복이 되어 공자를 따른 사람은 일흔 명뿐이었다. 대체로 인을 귀하게 여기는 자는 적고, 의를 실천하기는 어려웠기 때문이다. 그러한 까닭으로 천하는 넓었으나 공자의 제자가 된 사람들은 일흔 명뿐이었고, 인의仁義를 실행한 사람은 안회 한 사람뿐이었다.

노나라 애공哀公은 하등下等의 군주였다. 그러나 그가 남면해서 군주의 자리에 앉게 되자 국경 안의 백성 중에 감히 신하가 되지 않는 자가 없었다. 백성이란 참으로 권세에 복종하고, 권세란 진실로 사람들을 쉽게 복종시킨다. 그래서 공자는 오히려 신하가 되고, 애공은 도리어 군주가 된 것이다. 이것은 공자가 애공의 의에 감화된 것이 아니라 그의 권세에 복종한 것이다. 의로써 통치했다면 공자가 애공에게 복종하지 않았겠지만, 권세에 의지했기에 애공이 공자를 신하로 삼은 것이다.

지금 학자들이 군주들을 설득할 때 반드시 이길 수 있는 권세를 쓰지 말라고 말한다. 그러고는 인의에 힘써야 왕 노릇을 할 수 있다고 말한다. 이는 군주가 공자처럼 되고, 세상의 평범한 사람들 모두가 공자의 제자들처럼 되기를 바라는 것이다. 이것은 이치상 결코 불가능하다. _ 오두(五蠹)

4-4.
유가는 법을 어지럽히고 협객은 금령을 어긴다

근래에 불량한 자식이 있어 부모가 화를 내도 고치려 하지 않고, 마을 사람들이 꾸짖어도 변하려고 하지 않으며, 스승이나 어른이 가르쳐도 바꾸려고 하지 않았다. 부모의 사랑, 마을 사람의 충고, 스승이나 어른의 지혜라는 세 가지의 미덕이 더해져도 끝내 움직이지 않고, 정강이의 털끝만치도 고치려고 하지 않았다. 그런데 지방 관리가 관병을 이끌고 법령을 내세워서 간악한 사람을 색출하자 두려워 떨면서 생각을 바꾸고 행동을 고쳤다. 고로 부모의 사랑은 자식을 가르치기에 부족하고 반드시 지방의 엄한 형벌에 기대야만 한다. 이는 백성들이 본디 사랑에는 제멋대로 굴지만 위세에는 순종하기 때문이다.

높이가 얼마 안 되는 성곽을 날쌘 용사 누계樓季가 뛰

어넘을 수 없는 것은 가파르기 때문이고, 천 길 높이의 산에서 다리를 저는 양도 쉽게 기를 수 있는 것은 산세가 완만하기 때문이다. 그런 까닭에 현명한 왕은 법을 분명하게 하고 형벌을 엄하게 하는 것이다.

작은 베와 비단 조각이 길에 떨어져 있으면 어리석고 변변치 못한 사람이라도 버려두지 않는다. 그러나 순금 백 일鎰이 길에 있으면 흉악한 도적 도척盜跖이라도 줍지 않는다. 반드시 해가 되지 않으면 작은 조각도 버려두지 않지만 반드시 해가 된다면 순금 백 일이라도 줍지 않는 것이다. 그렇기 때문에 현명한 군주는 처벌을 분명히 한다.

상은 후하게 틀림없이 주어 백성들이 그것을 이롭게 여기도록 해야 하며, 벌은 반드시 행해져서 백성들이 그것을 두렵게 여기게 해야 하고, 법은 하나로 통일시켜 확고하게 만들어서 백성이 그것을 알게 해야 한다. 고로 군주가 상을 줄 때는 마음대로 바꾸는 일이 없고, 벌을 시행할 때는 마음대로 감면해 주는 일이 없다. 상에 칭찬을 더해 주고 벌에 비방이 따르게 하면 현자든 어리석은 사람이든 모두 자신의 힘을 다하게 된다. 그러나 오늘날에는 그렇지 않다.

공로가 있는 사람에게 관작을 주면 관리가 된 사람을 천박하다 하고, 경작에 힘쓴 사람에게 상을 주어도 생산하는 일을 하찮게 여긴다. 벼슬에 부르지 않고 소외시켜도 세상을 가벼이 여기는 고결한 자라고 하며, 법을 어겨 벌을 받아도 용기 있는 자라고 칭찬한다. 비방과 칭찬이 더해지는 것이 상과 벌에 맞지 않기에 법과 금령이 무너지고 백성은 더욱더 어지럽게 된다.

형제가 남에게 해를 입었을 때 반드시 상대를 공격하여 복수하는 것을 염廉이라 치하하고, 자기를 알아주는 친구가 모욕을 당했을 때 당장 되갚아 주는 것을 정貞이라 우러른다. 그러나 염과 정을 행하는 것은 군주의 법을 어기는 것이다. 그런데도 군주가 정렴貞廉한 행실을 높여 주고 군주의 금령을 어긴 죄를 잊는다. 그 때문에 백성들이 멋대로 용기를 내보여도 관리들이 제지할 수 없는 것이다.

힘껏 일하지 않고도 입고 먹는 사람을 능能하다 하고, 싸운 공로도 없으면서 존중받는 사람을 현賢하다 한다. 현과 능이 행해지면 병사가 약해지고 토지가 황폐해진다. 그런데도 군주는 현과 능이 실행되는 것을 기뻐하면서 병사가 약해지고 토지가 황폐해지는 재앙을 잊는다. 그 때문에 사사로운 행동이 일어나고 공적인 이익은 사라지게 된다.

이처럼 유가는 문文으로 법을 어지럽히고, 협객들은

무武로 금령을 어기지만, 군주가 이들을 모두 예우한다. 이것이 혼란의 원인이다. 법을 어지럽히면 죄가 되는 데 여러 유학자들은 학문을 잘한다고 등용되고, 금령을 어기면 벌을 받는데 여러 협객들은 검술을 잘한다고 사사로이 양성된다. 이것은 법이 안 된다고 하는 것을 군주가 취하고, 관리들이 벌주는 자를 군주가 양성하는 것이다. 법이 금하는 것을 임금이 채택하고, 윗사람과 양성하는 것을 아랫사람이 벌을 주어 서로 상반되어 일정하지 못하면, 비록 열 명의 황제가 있다 하더라도 다스릴 수 없다. 그러므로 인의를 실행하는 자가 칭찬받을 공이 없는데도 그를 칭찬하면 공로를 해치게 되고, 문학을 익힌 자가 소용이 없는데도 그를 등용하면 법을 어지럽히게 된다. _오두(五蠹)

4-5.
양을 훔친 아버지를 어떻게 할 것인가

초나라 사람으로 곧은 성격을 가진 자가 있었는데, 그의 아버지가 양을 훔치자 관리에게 고발을 했다. 재상이 말하였다. "그를 죽여라." 군주에게는 정직한 것이지만 아버지에게는 패륜이라고 판단하여 벌을 준 것이다. 이로써 미루어 보면 군주에게 정직한 신하는 아버지에겐 포악한 아들일 것이다.

노나라 사람이 군주를 따라 전쟁터에 나가 세 번 싸워 세 번 도망쳤다. 공자가 그 까닭을 묻자, 이렇게 대답했다. "저에게는 늙은 아버지가 있는데, 제가 죽으면 봉양하지 못하게 됩니다." 공자는 그를 효성스럽다고 생각하고 천거해 높은 지위에 오르게 했다. 이로써 미루어 보면 아버지에게 효성스런 아들은 군주를 배신하는 신하이다.

이처럼 재상이 신고한 아들을 처벌하자 초나라에서는 간악한 일이 군주에게 들리지 않았고, 공자가 도망친 아들에게 상을 주자 노나라 백성들이 쉽게 항복하고 달아났다. 윗사람과 아랫사람의 이익은 이와 같이 다르니, 군주가 필부에게 덕이 되는 행동을 한 사람들을 등용해서 사직에 복이 되길 바란다면 결코 이루어질 수 없을 것이다.

옛날에 창힐蒼頡이 문자를 만들 때, 자신을 에워싸는 것을 사私라고 하고, 사에 반대되는 일을 공公이라고 했다. 공과 사가 상반되는 것을 창힐도 처음부터 알았던 것이다. 그런데 지금 공사가 같다고 생각하는 것은 이치를 살피지 않아서 생긴 잘못이다.

필부의 입장에서 헤아려 보면 인의仁義를 닦고 학문을 익히는 것이 가장 좋다. 인의를 닦으면 신임을 얻고, 신임을 얻으면 벼슬자리를 받게 된다. 학문을 익히면 고명한 스승이 되고, 고명한 스승이 되면 영예를 얻는다. 이것이 필부가 좋아하는 것이다. 그러면 필부는 공이 없어도 작위를 받고, 작위가 없어도 영예를 얻는다. 그러나 정치가 이와 같다면 나라는 반드시 혼란스럽게 될 것이고, 군주는 반드시 위태롭게 된다.

서로 용납되지 않는 일은 양립할 수가 없다. 그런데

도 지금의 군주는 적을 죽인 자에게 상을 주면서 자애로운 행동을 고상하다 여기고, 성을 함락시킨 자에게 작록을 주면서 겸애설을 믿으며, 견고한 갑옷과 날카로운 무기로써 난을 대비하면서 고급관리의 점잖은 옷차림을 아름답게 여긴다. 나라를 부유하게 하는 일은 농민에게 맡기고 적을 방비하는 일은 병졸에게 의지하면서 학문하는 선비를 귀중히 여긴다. 군주를 공경하고 법을 두려워하는 백성을 버리고 협객이나 자객의 무리를 양성한다. 실제 행해지는 것이 이와 같으면 다스려지거나 강해질 수 없다.

지금의 군주는 나라가 안정됐을 때는 유학자와 협객을 양성하고 혼란이 이르면 병사를 동원한다. 이익이 되는 사람은 평소에 등용되지 않고, 평소에 등용되는 사람은 이익이 되지 않는다. 이 때문에 일을 하는 자는 본업을 소홀히 하고 떠돌이 협객과 유학자가 나날이 많아지는 것이다. 이것이 세상이 어지럽게 된 까닭이다. _오두(五蠹)

4-6.
현자를 기다리지 말고 법을 바르게 세워라

세상에서 말하는 현賢은 바르고 성실한 행동이고, 지智는 미묘한 말을 하는 것이다. 그런데 미묘한 말은 탁월한 지혜를 가진 자도 알기 어려운 것이다. 지금 뭇 백성들을 다스릴 법을 만들면서 탁월한 지혜를 가진 자도 알기 어렵게 한다면 백성들은 알지 못할 것이다.

술지게미도 배불리 먹지 못하는 사람은 좋은 고기를 먹으려고 힘쓰지 않고, 초라한 갈옷도 완전히 갖추지 못한 자는 문양 있는 비단옷을 기대하지 않는다. 세상을 다스리는 일에 있어서도 시급한 일을 해결하지 못하면서 긴급하지 않은 일에 먼저 힘쓰면 안 된다. 그럼에도 지금 보통의 백성을 다스림에 있어 남녀가 모두 분명하게 알 수 있는 법을 사용하지 않고 지혜가 높은 자의 주장만 흠모한다면 정치는 거꾸로 될 것이다. 고로 미묘한 말은 백성들에게 힘쓸 것이 못 된다.

만약 곧고 성실한 행동을 현賢하다고 칭송하면, 반드시 속이지 않는 사람이 귀하게 여겨질 것이다. 속이지 않는 사람을 귀히 여기는 것은 그것 말고는 속임을 당하지 않을 방법이 없기 때문이다. 보통 백성들이 교제할 때는 서로 이득을 줄 만큼 부유하지 않고, 서로 두려워할 만큼 위세도 없다. 그러므로 속이지 않는 어진 사람을 구하려고 한다.

그러나 지금 군주는 사람을 제압하는 권세가 있으면서 온 나라의 부를 가지고 있다. 큰 상과 엄한 벌을 내릴 권한을 쥐고 법술이 비추는 대로 분명하게 다스린다면 비록 전상田常이나 자한子罕 같은 무도한 신하가 있더라도 감히 속이지 못할 것이다. 그러나 어찌 속이지 않는 사람만 기대하겠는가?

지금 곧고 성실한 사람은 열 명도 차지 않으나, 국내의 벼슬자리는 백을 헤아린다. 반드시 곧고 성실한 인재만을 임용한다면 벼슬자리에 비해 인원이 부족하다. 벼슬자리보다 인원이 부족하면 다스려지는 일은 적어지고 혼란스러운 일은 많아질 것이다. 그러므로 현명한 군주의 길이란 법을 일정하게 할 뿐 지혜로운 자를 찾지 않고, 법술을 공고하게 할 뿐 어진 사람을 흠모하지 않는다. 그리하여 법이 무너지지 않으며 여러 벼슬아치들이 간악한 속임수를 쓰지 않게 된다. _ 오두(五蠹)

4-7.
관리를 스승으로 삼는다

지금의 군주는 남의 말을 들을 때는 그 변설을 좋아할 뿐 그 실제는 확인하지 않고, 남의 행동을 볼 때는 그 명성을 찬미할 뿐 공적을 따지지 않는다. 이 때문에 천하 사람들 가운데 담론하는 자는 변설에만 힘쓰고 실용에는 신경 쓰지 않는다. 때문에 선왕을 들어 인의를 말하는 자가 조정에 가득한데도 정사가 혼란을 면하지 못한다.

행실을 닦는 자는 고상함만을 다투고 공을 이루려고 하지 않는다. 지혜로운 인사가 바위굴로 물러나 살면서 봉록을 주어도 받지 않으면 병력이 약한 것을 면하지 못한다.

병력이 약한 것을 면치 못하고, 정치가 혼란한 것을 면치 못하는 것은 무엇 때문인가? 백성이 칭송하고 군주가 예우하는 것이 나라를 어지럽히는 수단이 되기 때문이다.

지금 나라 안의 백성들이 모두 정치를 말하고 상앙과 관중의 법령을 집집마다 간직하고 있지만 나라가 더욱 가난해진다. 이는 농사를 말하는 자는 많지만 쟁기를 잡는 자가 적기 때문이다. 나라 안에서는 모두 군사에 관해 말하며 손무와 오기의 병서를 집집마다 간직하고 있지만 병력이 더욱 약해진다. 이는 군사에 관해 말하는 자는 많지만 갑옷을 입는 자가 적기 때문이다. 그러므로 현명한 군주는 백성들의 힘을 사용하더라도 그들의 말을 듣지 않고, 그 공적에 상을 주더라도 반드시 쓸모없는 행위는 금지한다. 그러면 백성들은 사력을 다해 그 군주를 따르게 된다.

사람들이 이렇게 말한다. "힘을 써서 경작하는 것은 수고롭지만 백성들이 그것을 하는 것은 부유해질 수 있기 때문이고, 전쟁이 위험한데도 백성들이 전쟁에 참여하는 것은 높은 자리에 오를 수 있기 때문이다." 그런데 지금은 학문을 닦고 말재주를 익히면 수고롭게 경작을 하지 않아도 부유해지고, 전쟁의 위험을 감수하지 않아도 존귀해진다. 이렇게 된다면 누가 학문과 말재주를 익히지 않겠는가? 이 때문에 백 사람이 지혜를 다듬고 한 사람만이 힘써 일하게 된다. 고로 지혜를 닦는 자가 많으면 법이 무너지고, 일을 하는 자가 적으면 나라가 가난해진다. 이것이 이 세상이 혼란스러워지는 까닭이다.

현명한 군주의 나라에서는 죽간에 쓰인 글은 없고 법으로써 가르친다. 선왕의 말은 없고 관리들로 스승을 삼는다. 개인적인 무용은 없고 적의 머리를 베는 것을 용기로 삼는다. 이렇게 되면 나라 안의 백성들 가운데 담론을 말하는 자는 반드시 법에 따르고, 움직여 일을 하는 자는 실제적인 공적을 목표로 삼으며, 용감한 자는 군대에서 힘을 다한다. 그러므로 전쟁이 없을 땐 나라가 부유해지고, 전쟁이 있으면 병력이 강해진다. 이것이 이른바 왕의 자질이다. 왕의 자질을 쌓고 적국의 허점을 이용한다. 오제五帝를 능가하고 삼왕三王에 견주려면 반드시 이 방법에 기대야 한다. _오두(五蠹)

4-8.
외교로 부강해질 수는 없다

그러나 지금은 그렇지 못하다. 관리들과 백성들은 국내에서 제멋대로 행동하고, 유세가는 국외에서 세력을 형성하니, 안팎으로 다투어 나쁜 일을 하는데 강한 적을 상대하니 또한 위태롭지 않겠는가. 여러 신하들이 외교를 말할 때 합종과 연횡의 당파로 나뉘어 있지 않으면 원수를 갚으려고 나라의 힘을 빌리려 한다. 합종이란 약소국이 힘을 합쳐서 강대한 한 나라를 공격하는 것이고, 연횡이란 강한 한 나라를 섬겨서 여러 약소국을 공격하는 것이다. 모두 나라를 보존하는 방법이 아니다.

지금 신하들 가운데 연횡을 주장하는 자는 모두 이렇게 말한다. "강대국을 섬기지 않으면 적을 만나 화를 입게 될 것이다." 그래서 강대국을 섬기면, 실제적인 이익이 없는데도 지도를 바쳐서 국토를 맡기고 통수권을 넘겨서 병사를 요청한다. 지도를 바치면 영토가 줄어들고 통수권을 넘기면 명예가 실추된다. 영토가 줄어들면 국력도 줄어들고, 명예가 실추되면 정치가 어지럽다. 대국을 섬겨 연횡을 하더라도 이익을 보기도 전에 영토를 잃게 되고 정치가 어지럽게 되는 것이다.

신하들 가운데 합종을 주장하는 자는 모두 이렇게 말한다. "약소국을 구하고 대국을 공격하지 않으면 천하를 잃고, 천하를 잃으면 나라가 위태롭게 되고, 나라가 위태로우면 군주는 비천해진다." 그래서 약소국을 구하면, 실제적인 이익이 없는데도 병사를 일으켜 강대국과 적이 된다. 작은 나라를 구했어도 반드시 자기 나라가 보존되는 것이 아니고, 큰 나라와 교전하면 반드시 관계가 틀어지니, 관계가 멀어지면 강국에게 제압당한다. 출병하면 군이 패하고, 물러서서 지키면 성이 함락된다. 작은 나라를 구하고 합종하더라도 이익도 보기 전에 영토를 잃고 군이 패배하는 것이다.

군주가 강대국을 섬기면 신하는 외세를 이용해 국내에서 관직을 얻고, 군주가 약소국을 구하면 신하는 국내의 권력에 이용해서 국외에서 이익을 구한다. 나라의 이익이 확립되지 않았는데 신하들은 봉토와 후한 봉록을 얻으니, 군주는 낮아지고 신하는 존귀해지며 나라의 영토는 깎여도 개인의 집안은 부자가 된다. (연횡과 합종의) 일이 성사되면 (신하는) 권세에 기대 오랫동안 존중을 받고, 일이 실패해도 획득한 부유함에 기대 물러나 산다. 이처럼 군주가 신하들의 말을 들어주면 일이 성사되기도 전에 신하의 작록은 이미 높아지고, 일이 실패해도 벌을 받지 않는다면 유세하는 선비 중에 주살로 새를 잡듯 요행수를 바라지 않는 자가 누가 있겠는가?

나라가 무너지고 군주가 망하는 것은 담론을 만드는 자들의 헛된 말을 들었기 때문이다. 그 까닭이 무엇인가? 군주가 공과 사의 이익을 분명히 하지 못하고, 합당한 말과 부당한 말을 살피지 못하며, 결과에 따른 형벌을 주지 않기 때문이다.

모두가 말한다. "외교에 힘쓴다면 크게는 천하를 다스리는 왕이 되고 작게는 나라가 안정될 수 있다." 그 말대로 왕이 되면 다른 사람을 공격할 수 있고, 나라가 안정되면 공격받지 않는다. 그런데 나라가 강해지면 다른 사람을 공격할 수 있고, 다스려지면 공격받지 않는다. 다스려서 강력하게 하는 것은 외교로 구할 수 있는 것이 아니라 국내의 정치에 달려 있다. 지금 국내에서 법으로 다스리는 것을 시행하지 않으면서 국외에서 지모를 일삼는다면 다스려서 강력해지는 것에는 이르지 못할 것이다. _ 오두(五蠹)

4-9.
밑천이 있어야 장사가 잘된다

속담에 이런 말이 있다. "소매가 길면 춤을 잘 추고, 돈이 많으면 장사를 잘한다." 이는 밑천이 많아야 일을 쉽게 이룬다는 것이다. 따라서 다스려지고 강한 나라는 모략을 꾸미기 쉽고, 어지럽고 약한 나라는 계략을 세우기가 어렵다. 그러므로 진秦나라에 등용된 자는 열 번 지략을 바꾸어도 실패하는 경우가 드물었지만, 연나라에서 임용된 자는 계략을 한 번만 바꾸어도 성사되는 경우가 드물었다. 그것은 진나라에 등용된 자가 반드시 지혜롭고, 연나라에 등용된 자가 반드시 어리석어서가 아니다. 다스려지는 나라와 어지러운 나라의 조건이 다르기 때문이다.

옛날에 주周나라가 진秦나라를 버리고 합종을 하였으나 일 년 만에 멸망하고, 위衛나라가 위魏나라를 버리고 연횡을 하였으나 반 년 만에 멸망했다. 즉 주나라는 합종으로 멸망하고, 위나라는 연횡으로 멸망한 것이다.

만일 주나라와 위나라가 합종과 연횡의 계략을 늦추고, 국내의 다스림을 엄히 하며, 그 법령을 분명히 하고, 상과 벌을 반드시 행하며, 농업에 힘을 써서 재화를 축적하고, 백성이 죽음을 불사하며 그 성을 지키게 했다면, 천하가 그 땅을 차지해도 이득은 적고 그 나라를 공격해도 크게 손상을 입을 것이다. 그런 즉 만승의 대국이라도 견고한 성 아래에서 스스로 좌절하며, 강한 적이 자신의 피폐해진 틈을 제압하도록 만들진 않았을 것이다. 이것이 절대 망하지 않는 방법이다. 절대 망하지 않는 방법을 버리고 반드시 멸망하는 일을 따르는 것은 나라를 다스리는 자의 잘못이다. 지혜를 국내에서 펼 수 없고, 외교로 정치가 어지러우면 망하더라도 구할 수 없다. _오두(五蠹)

4-10.
나라를 해치는 다섯 가지 좀벌레

백성들이 정치적 문제를 생각할 때는 모두 안전과 이익을 취하고 위험과 궁핍함을 피하려 한다. 만약 그들에게 공격해서 싸우라고 하면서, 앞으로 나아가면 적에게 죽게 되고 도망가면 처벌로 죽게 되는 상황을 만든다면 전쟁은 위험한 일일 뿐이다. 자기 집안일은 버려두고 전쟁터에서 말을 달리는 노고를 다하는데 집안이 궁핍해져도 군주가 그 공로를 인정해 주지 않는다면 전쟁은 궁핍이 될 뿐이다. 궁핍과 위험인 것을 백성들이 어찌 피하려고 하지 않겠는가?

권력 있는 관리를 섬겨 병역과 부역을 완전히 면제받는다. 병역과 부역을 완전히 면제받으면 전쟁터로부터 멀어지고, 전쟁터로부터 멀어지면 안전하게 된다. 뇌물을 써서 요직에 있는 자에게 의지하면 바라는 것을 얻고, 바라는 것을 얻으면 이익이 있다. 편안함과 이익이 있으니 어찌 나아가지 않겠는가? 이것이 나라를 위하는 백성은 적고 세도가를 따르는 백성이 많은 까닭이다.

현명한 군주가 나라를 다스릴 때는 상공商工인과 일 없이 얻어먹는 백성의 수를 적게 하고 그들을 낮게 여기어, 근본이 되는 농업을 독려하고 말단이 되는 상공업을 더디게 한다. 그런데 지금은 군주의 측근에게 청탁하면 벼슬과 작위를 살 수 있고, 벼슬과 작위를 살 수 있으면 상공인도 비천해지지 않는다. 간악하게 재화를 파는 것이 시장에서 통용되면 상인의 수는 줄지 않는다. 수익을 얻는 것은 농부의 배가 되고 존귀해지는 것은 농사짓고 전쟁하는 것보다 더하다면, 성실한 사람은 적어지고 장사하는 사람만 많아질 것이다.

혼란스런 나라의 풍속은 이러하다. 유학자는 선왕의 도를 칭송하고 인의를 빙자하여 용모와 옷차림을 성대하게 하고, 변설을 꾸며 당대의 법을 의혹하게 만들어 군주의 마음을 동요시킨다. 합종 연횡의 담론을 만드는 자는 거짓을 늘어놓고, 외세의 힘을 빌려 사욕을 성취하며 나라의 이익을 저버린다. 칼을 찬 사람들은 무리를 모으고 절개를 내세우며 자기 이름을 빛내면서 조정의 금령을 어긴다. 궁궐에 있는 측근들은 사가에 재물을 축적하며 뇌물을 다 받고, 요직자의 청탁을 받아들이면서, 전쟁터에서 말 달리는 수고를 한 사람의 공을 인정하지 않는다. 상공인은 울퉁불퉁한 조야한 그릇을 만들고 쓸모없이 화려한 물건을 쌓아 두고 값이 오를 때를 기다려 파니, 결국 농부의 이익을 가로채는 것이다.

이 다섯 가지가 나라의 좀벌레이다. 군주가 이 다섯 좀벌레 같은 백성을 제거하지 않고, 성실한 사람을 길러내지 못한다면, 천하에 부서지고 망하는 나라와 영토가 깎이고 멸망하는 조정이 있다 해도 이상할 것이 못 된다. _오두(五蠹)

낭송Q 큰글자책 시리즈
제자백가편
낭송 한비자

5부
한비가 들려주는 수풀처럼 많은 이야기

5-1.
약자가 강자를 제거하는 법

(1)

자어子圉가 공자를 송나라 재상에게 소개했다. 공자가 나가고 자어가 들어와서 공자에 대해 물었다. 재상이 말하였다.

"내가 공자를 만나 보고 자네를 다시 보니 벼룩이나 이와 같이 작게만 보이는구려. 나는 지금 군주에게 그를 보여 줄 것이오."

자어는 공자가 군주에게 발탁될까 두려워서 재상에게 말하였다.

"장차 군주께서 공자를 만나시면 어르신도 벼룩이나 이와 같이 작게만 보이실 겁니다."

재상이 이를 듣고 공자를 다시 만나려 하지 않았다.

설림(說林) 상(上)

(2)

초楚에서 오자서伍子胥가 도망나올 때 국경지기가 그를 붙잡았다. 오자서가 말하였다.

"임금께서 나를 찾는 까닭은 내가 귀한 구슬을 가지고 있기 때문이다. 그런데 내가 이미 그것을 잃어버렸다. 내가 장차 잡힌다면 네가 그것을 삼켰다고 말할 것이다."

국경지기가 그를 놓아주었다. _ 설림(說林) 상

(3)

지백智伯이 위魏나라 선자宣子에게 토지를 요구하였으나 선자가 내주지 않았다. 그의 가신인 임장任章이 물었다.

"무슨 까닭으로 내주지 않습니까?"

선자가 말하였다.

"이유도 없이 토지를 요구하니 내주지 않는 것이다."

임장이 다시 말하였다.

"이유도 없이 토지를 요구하면 주변의 나라들이 반드시 두려워할 것입니다. 그가 욕심이 많아 만족하지 않을 것인즉 천하의 제후들이 반드시 두려워서 떨게 될 것입니다. 군께서는 그에게 토지를 내주십시오.

지백은 반드시 방자하게 뽐내면서 상대를 얕볼 것이고, 주변의 나라들은 반드시 두려워하며 서로 친근해질 것입니다. 서로 친근해진 군사들을 데리고서 적을 얕보는 나라와 싸운다면 지백의 운명은 길지 않을 것입니다. 『주서』周書에 이르기를 '장차 그를 깨뜨리려 한다면 반드시 잠깐 그를 도와주라. 장차 그를 얻으려고 한다면 잠시 그에게 주라'고 하였습니다. 하여, 군께서 그에게 땅을 주어 교만하게 만드는 것이 좋습니다. 또한 군은 어찌 천하의 제후들과 함께 지백을 도모할 계획을 놓아 두고, 홀로 이 나라만 지백의 표적이 되게 하십니까."

선자가 좋다 하고 일만 호의 읍을 지백에게 내주었다. 지백이 크게 좋아하며 이어서 조나라에 토지를 요구했다. 조나라가 주지 않자 지백이 조나라의 진양 땅을 포위했다. 한韓나라와 위나라가 밖에서 공격하고 조나라가 안에서 호응하니 지백이 망하였다. _ 설림 (說林) 상

(4)

일설에 따르면 위왕魏王이 초왕楚王에게 미인을 보내주었다. 초나라 왕이 그 미인을 대단히 좋아하였다.

그의 부인이 왕이 그녀를 아낀다는 말을 듣고 왕보다 더 그녀를 사랑하며 옷과 아끼는 물건들을 골라서 그녀에게 주었다. 왕이 말하였다.

"부인은 내가 새사람을 좋아하니 과인보다 더 그녀를 좋아하는군요. 이것은 효자가 부모를 봉양하는 법이요, 충신이 군주를 섬기는 방법이오."

부인은 왕이 자기가 질투하지 않는다고 여기는 것을 알고는 새로 온 미인에게 말하였다.

"왕께서 자네를 대단히 아끼시네. 그렇지만 자네의 코는 밉다고 하신다. 자네가 왕을 뵐 때 언제나 코를 가리면 더욱 자네를 총애하실 것이네."

그래서 미인은 그 말에 따라 왕을 만날 때마다 코를 가렸다. 왕이 부인에게 말하였다.

"새사람이 나를 볼 때마다 언제나 코를 가리는군. 왜 그런가?"

부인이 대답하길,

"저는 알지 못합니다."

왕이 계속 묻자 부인이 말하였다.

"요즘 왕의 냄새가 싫다고 합니다."

왕이 노여워하며 말하였다.

"코를 베어라!"

부인이 이보다 먼저 시종에게 경계하며 일러두었다.

"왕께서 어떤 말씀을 하신다면 반드시 명을 따라야
한다."
그리하여 시종이 칼을 뽑아 미인의 코를 베었다. _ 설림
(說林) 상

5-2.
늙은 말과 개미를 스승 삼다

(1)

관중管仲과 습붕隰朋이 환공桓公을 따라가다 고죽국孤竹國을 정벌했다.

봄에 갔다 겨울에 돌아오는데 길을 잃어버렸다. 관중이 말하였다.

"늙은 말의 지혜가 쓸 만합니다."

이에 늙은 말을 풀어 놓고 그 뒤를 따라가서 마침내 길을 찾았다.

가는 길에 산속에서 물이 떨어졌다. 습붕이 말했다.

"개미가 겨울에는 산의 양지에 살고 여름에는 산의 음지에 삽니다. 개미집 흙무더기가 한 치가 되면 그 아래 한 길 깊이에는 물이 있습니다."

곧 땅을 파서 마침내 물을 얻었다.

관중의 뛰어남과 습붕의 지혜로도 알지 못하는 것이 있으면 비록 늙은 말과 개미라 할지라도 스승 삼아 배우기를 꺼리지 않는다. 그런데 지금의 사람들은 어리석은 마음을 가지고도 성인의 지혜를 배우려 하지 않는다. 어찌 잘못이 아니겠는가. _ 설림(說林) 상

(2)

소적매紹績昧라는 자가 술에 취해 잠을 자다 갖옷을 잃어버렸다. 송나라 임금이 말하였다.

"술에 취했다고 옷까지 잃어버리는가."

소적매가 대답하였다.

"걸桀은 술에 취해 천하를 잃어버렸습니다. 그래서 『강고』康誥에 이르기를 항상 술을 하지 말라고 했습니다. 항상 술을 마시는 자가 천자라면 천하를 잃게 되고, 필부인 경우에는 그 자신을 잃게 됩니다." _ 설림(說林) 상

(3)

주왕紂王이 오랫동안 밤새도록 술을 먹으니 환락에 빠져 날짜까지 잊어버렸다. 좌우 측근에게 물었으나

모두 알지 못하였다. 이에 사람을 시켜 기자箕子에게 물어보았다. 기자가 곁에 있는 사람에게 말하였다. "천하의 주인이 되었는데 온 나라가 모두 날짜를 잊는다면 천하가 위태롭다. 온 나라가 모두 잊은 것을 나만 홀로 안다면 내가 위태롭다." 이에 취했다고 둘러대며 알려주지 않았다. _ 설림(說林) 상

(4)

노나라 사람 중에 자신은 삼으로 신을 잘 만들고 처는 흰 비단을 잘 짜는 사람이 있었는데 월나라 땅으로 이사 가서 살려 하였다. 어떤 이가 그에게 이렇게 말하였다.

"자네는 반드시 곤궁해질 것이오."

"왜 그런가?"

"삼으로 만든 신은 발에 신기 위함인데 월나라 사람들은 맨발로 다닌다오. 흰 비단으로 만든 관은 머리에 쓰기 위함인데 월나라 사람들은 머리를 풀어 헤치고 다닌다오. 자네가 좋은 기술이 있다 하나 쓰이지 않는 나라로 간다면 어찌 곤궁하지 않을 수 있겠는가." _ 설림(說林) 상

(5)

경봉慶封이 제나라에서 난을 일으키고 월나라로 도망가려 하였다. 그 일족 중 어떤 이가 말하였다.

"진晉나라가 가까운데 왜 그곳으로 안 가십니까?"

경공이 말하였다.

"월나라가 멀리 있어 피난하기 좋습니다."

일족이 다시 말하였다.

"그 마음을 바꾸시면 진나라도 좋습니다. 그 마음을 바꾸시지 않는다면 비록 월나라보다 먼 곳에 간다 한들 안전할 수 있겠습니까?"_ 설림(說林) 상

(6)

백락伯樂은 자기가 미워하는 사람에게는 천리마를 감정하는 방법을 알려주고, 아끼는 사람에게는 보통 말을 보는 법을 가르쳤다. 천리마는 드물게 있기에 이익을 내기가 더디지만 보통 말은 늘상 팔려 이익이 자주 생긴다. 이것이야말로 『주서』周書에서 말하듯이 '비속한 말이라도 훌륭하게 쓰이는 일이 간혹 있다'고 하는 것이다._ 설림(說林) 하(下)

(7)

장어는 뱀과 비슷하고 누에는 큰 송충이와 비슷하다. 사람들이 뱀을 보면 깜짝 놀라고 송충이를 보면 소름이 돋는다. 그러나 어부는 장어를 손에 쥐고 여인들도 누에를 주워 올린다. 이익이 있는 곳엔 모두가 맹분孟奮과 전저專諸처럼 용맹하게 변하는 것이다. _ 내저설(內儲說) 상(上)

5-3.
신발을 살 때 발 치수를 두고 간 사람

(1)

정鄭나라 사람이 신발을 사려고 하였다. 그는 먼저 자기 발 치수를 재고는 그것을 그 자리에 두고 시장 갈 때 가지고 가는 것을 잊어버렸다.

시장에서 사고 싶은 신발을 정하고서 그가 말하였다.

"내가 잊어버리고 치수 잰 것을 가지고 오지 않았다."

그리고 다시 돌아가 그것을 가지고 왔다. 그러나 시장이 파해서 신발을 구할 수 없었다.

다른 사람이 말하였다.

"어찌 자네 발로 재어 보지 않았는가?"

그가 대답하였다.

"치수를 재어 둔 것은 믿을 수 있어도 내 발 크기는 믿을 수 없다네." _ 외저설(外儲說) 좌상(左上)

(2)

위나라 사람이 딸을 시집보내면서 이렇게 가르쳤다.

"반드시 남모르게 돈을 모아 두거라. 남의 집 며느리가 되어 쫓겨나는 일은 보통이요, 끝까지 사는 일은 우연이다."

딸이 그 말대로 은밀하게 돈을 모았다. 시어미가 그걸 보고 사사로운 욕망이 많다 하여 며느리를 내쫓았다. 딸은 시집갈 때 가지고 간 것의 갑절이나 되는 재물을 가지고서 돌아왔다. 그 아버지가 딸을 잘못 가르친 것에는 죄를 느끼지 않고 자신의 지혜 때문에 더욱 부유해졌다고 여겼다. 지금 남의 신하가 되어 관직에 있는 자들이 모두 이와 같은 부류이다. _설림(說林) 상

(3)

정나라 현(縣) 땅에 복자라는 사람이 있었다. 그가 어느 날 자기 부인에게 바지를 만들라고 시켰다. 부인이 물었다.

"이번 바지는 어떻게 만들까요?"

남편이 말하였다.

"내 낡은 바지와 같이 만드시오."

하여 그의 부인이 새 바지를 헐어서 헌 바지처럼 만들었다. _ 외저설(外儲說) 좌상

(4)

송나라 숭문 안에 사는 어떤 사람이 부모의 초상을 치르면서 몸이 몹시 상하고 여위었다. 군주가 그의 효성이 깊다고 생각하여 그를 발탁해 관리로 등용했다. 다음해 송나라 사람들 가운데 여위어서 죽는 자가 십여 명이나 되었다. 자식이 부모상을 치르는 것은 혈육의 정 때문인데 나라에서 이를 높이고 상을 주어 권장한다. 하물며 군주가 백성을 대함에 있어서랴. _ 내저설(內儲說) 상

(5)

제나라의 어떤 사람이 왕에게 말하였다.
"하백河伯은 영험한 귀신입니다. 왕께서는 어찌 시험 삼아 그를 만나보지 않으십니까? 신이 왕에게 그를 만나게 해드리고 싶습니다."
이에 큰 물가에 제단을 만들고 왕과 그가 함께 서 있었다. 얼마 후 큰 물고기가 움직였다. 그러자 그가 말

하였다.

"이것이 하백입니다." _ 내저설(內儲說) 상

(6)

탕湯이 걸桀을 정벌하고 나서, 천하의 사람들이 자기를 탐욕스럽다고 말할까 두려웠다. 그래서 무광務光에게 천하를 주려고 하였다. 그러나 한편으로 무광이 그것을 받을까 두려워서 몰래 사람을 시켜서는 무광에게 말하였다.

"탕이 군주를 죽이고서 악명을 자네에게 물려주려는 것이다."

무광이 그 때문에 자신의 몸을 황하에 던져 죽었다. _

설림(說林) 상

5-4.
흙밥으로 소꿉놀이를 하던 아이도
저녁이 되면 밥을 먹는다

(1)

어린아이가 소꿉놀이를 할 때 흙을 밥이라 하고, 진
흙을 국이라 하며, 나무를 고기라고 한다. 그러나 저
녁 때가 되면 반드시 집에 돌아가 진짜 밥과 국을 먹
는다. 이는 흙밥과 진흙국은 가지고 놀 수는 있어도
먹을 수는 없기 때문이다. 고대의 일을 칭송하며 외
는 일도 이와 같아, 말할 수는 있으나 참되다고 할 수
는 없다. 선왕의 인의를 말하더라도 나라를 바로잡을
수 없고, 그것을 즐길 수는 있어도 그것으로 다스릴
수는 없기 때문이다.

삼진三晉은 인의를 흠모하여 약해지고 어지럽게 되었
다. 진秦나라는 인의를 흠모하지 않아서 다스려지고
강해졌다. 그러나 진이 강해졌음에도 제왕이 되지 못

한 것은 법술을 갖추지 않았기 때문이다. _ 외저설(外儲說)

좌상

(2)

조나라의 주보主父가 이자李疵를 시켜 중산 땅을 칠 만

한지 살펴보게 하였다. 이자가 돌아와 말하였다.

"중산은 공격할 만합니다. 군주께서 서둘러 공격하지

않으시면 장차 제나라와 연나라에 뒤질 것입니다."

주보가 말하였다.

"무슨 까닭으로 공격할 만하다고 하는가?"

이자가 대답하였다.

"그 군주가 암굴에 있는 은자들을 만나보는 것을 좋

아하고, 수십 번이나 수레를 멈춰 궁핍한 동네에 사

는 선비들을 태우거나 대화를 하였습니다. 또 대등한

예우로 관직 없는 선비들을 만나려고 자신을 낮춘 것

이 수백 번에 이릅니다."

주보가 말하였다.

"그대의 말을 들어보면 어진 군주라고 할 만하다. 그

런데 어찌 공격하라고 하는 것인가?"

이자가 말하였다.

"그렇지 않습니다. 암굴에 사는 은자들을 드러내 주

는 것을 좋아하여 그들을 조정에 세운다면 전사들은 전장에서 싸우기를 게을리 하게 됩니다. 위로는 학자를 높이고 아래로는 묻혀 있는 선비들을 존중하면 농부들이 농사일을 게을리 하게 됩니다. 전사들이 게으르게 된다는 것은 군대가 약해지는 것이고, 농부들이 농사일을 게을리 한다는 것은 나라가 가난해지는 것입니다. 적을 대하는 군대가 약해지고 나라 안이 가난해지고도 망하지 않은 나라는 없었습니다. 공격하는 것이 옳지 않겠습니까?"

주보가 말하였다.

"좋구나."

하여, 군사를 일으켜 중산을 공격했더니 마침내 멸망하였다. _ 외저설(外儲說) 좌상

(3)

공손지公孫支는 자기 스스로 월형을 받아 백리해百里奚를 높여 주었고, 수조竪刁는 자기 스스로 거세하고 환관이 되어 환공桓公에게 아첨하였다.

혜자慧子가 말하였다.

"미친 사람이 동쪽으로 달려가면 그를 뒤쫓는 자도 동쪽으로 달려간다. 동쪽으로 달리는 것은 같지만 동

쪽으로 달려가는 까닭은 다르다. 그러므로 말하기를 같은 일을 하는 사람일지라도 소상하게 살펴보지 않을 수 없다는 것이다."_ 설림(說林) 하

5-5.
대추나무 가시를 깎아 만든 원숭이 조각

(1)

일설에 의하면 연왕燕王이 공예품을 좋아하였다고 한
다. 위衛나라 사람이 연왕에게 말하였다.

"저는 능히 대추나무 가시 끝에 원숭이를 조각할 수
있습니다."

연왕이 그가 마음에 들어 전차 다섯 대를 보유할 정
도의 봉록을 주며 그를 후원하였다.

어느 날 왕이 말하였다.

"내가 자네가 대추나무 가시에 조각한 원숭이를 한
번 보고 싶다."

"군주께서 만약 그것을 보고 싶으시다면 반드시 반
년 동안 여자를 가까이하지 마시고, 술도 마시지 마
시고, 고기도 먹지 않으셔야 합니다. 그런 다음 비가

그치고 해가 반쯤 난 사이로 보시면 대추나무 원숭이가 바로 보일 것입니다."

연왕은 그 말을 듣고 위나라 사람을 계속 후원하였으나 원숭이 조각을 볼 수는 없었다. 그런데 마침 정나라 궁에서 낮은 관직에 있던 대장장이가 궁에 와 있었다. 그가 연왕에게 말하였다.

"저는 나무를 깎는 작은 칼을 만드는 사람입니다. 목공예품은 반드시 작은 칼로 만들어야 합니다. 고로 깎이는 나무가 반드시 칼보다 더 큽니다. 한데 대추나무 가시 끝은 아무리 작은 칼이라도 들어갈 수 없으니, 칼로 다루기는 어려울 것입니다. 왕께서 시험 삼아 그의 칼을 보자 하십시오. 그러면 그가 그 조각을 할 수 있는지 없는지를 아실 수 있을 것입니다."

"좋다."

왕이 위나라 사람을 불러 말하였다.

"자네는 무엇을 가지고 대추나무 가시에 원숭이를 조각하는가?"

"작은 칼을 가지고 합니다."

"내가 그 칼을 구경하고 싶다."

"숙소로 가서 가지고 오겠습니다."

위나라 사람이 그렇게 말하고는 도망쳐 버렸다. _ 외저설(外儲說) 좌상

(2)

주나라 식객 가운데 임금을 위해 젓가락에 그림을 그리는 자가 있었다. 그가 삼 년 만에 그림을 완성하였다. 군주가 그것을 얼핏 보니 옻칠한 젓가락과 똑같았다. 군주가 크게 화를 내자 젓가락에 그림을 그린 자가 말하였다.

"성곽을 쌓는 판축 열 장 높이만큼 담장을 쌓고 여덟 자 크기의 창구멍을 뚫어서 해가 뜨기 시작할 때 그 위에 젓가락을 올려놓고 보십시오."

주나라 군주가 그대로 하고 젓가락을 바라보니, 용과 뱀, 새와 짐승, 수레와 말 등 만물의 모양이 그려져 있었다. 주군이 대단히 기뻐하였다.

이처럼 젓가락에 그림을 그리는 공은 정교하고 어려운 일이다. 그러나 그 젓가락의 쓰임은 보통 옻칠한 젓가락과 다름없다. _ 외저설(外儲說) 좌상

(3)

어떤 식객이 연왕燕王에게 죽지 않는 방법을 가르쳐 주겠다고 하였다. 왕이 사람을 시켜 그것을 배워오게 하였다. 그런데 배우러 간 자가 도착하기도 전에 그 식객이 죽었다. 왕이 크게 화를 내며 심부름 보낸 사

람을 벌주었다. 왕은 식객이 자기를 속인 것은 알지 못하고 배우러 간 자가 늦었다고 벌한 것이다.

도대체 있을 수 없는 일을 믿고 죄 없는 신하를 처벌한 것은 잘 살펴보지 못해서 생긴 재난이다. 무릇 사람에게 가장 중한 것은 자기 몸이다. 제 몸을 죽지 않게 할 수 없으면서 어찌 능히 왕을 오래 살게 할 수 있겠는가. _ 외저설(外儲說) 좌상

(4)

초왕楚王에게 어떤 손님이 불사약을 바쳤다. 궁중에서 빈객을 안내하는 사람이 그것을 손에 들고 안으로 들어갔다. 지키고 섰던 무관이 물었다.

"먹을 수 있습니까?"

"그렇다."

그러자 그것을 집어 들고 먹어 버렸다. 왕이 크게 노하여서 사람을 보내 무관을 죽이라 하였다. 무관이 다른 사람을 통하여 왕에게 말하였다.

"신이 빈객을 안내하는 사람에게 물었더니 먹어도 좋다 하여 그래서 먹었습니다. 그러니 저에게는 죄가 없고 그에게 죄가 있습니다. 또한 객이 바친 것이 불사약이라는데 신이 그것을 먹었다고 왕께서 신을 죽

이시면 그것은 사약이 됩니다. 죄가 없는 신을 죽이시고, 왕을 속인 사람이 있었다는 것이 알려지는 것보다 신을 풀어주는 것이 더 낫습니다."

이 말을 듣고 왕이 그를 죽이지 않았다. _ 설림(說林) 상

5-6.
자기를 아끼는 사람, 군주를 아끼는 사람

관중이 병이 들었다. 제나라 환공이 그에게 가서 물었다.

"중부仲父께서 병이 드셨는데, 불행히도 죽게 된다면 저에게 무슨 말을 남기시렵니까?"

관중이 말하였다.

"군주께서 묻지 않으셔도 제가 아뢰려고 하였습니다. 군주께서는 수조와 역아를 좇으시고 위나라 공자인 개방開方을 멀리하십시오.

역아易牙는 본디 군주의 요리사입니다. 그런데 군주께서 오직 인육만 맛보지 않으셨다 하여 자기 아들의 머리를 요리해 바쳤습니다. 인정으로는 자식을 사랑하지 않을 수 없습니다. 자기 자식을 아끼지 않으면서 어찌 군주를 사랑할 수 있겠습니까.

군주께서 질투가 많고 내궁의 여인들을 아끼신다고 하니 수조豎刁는 스스로 거세하여 내궁에 들어가 여인들을 단속하는 일을 맡았습니다. 사람의 마음이란 본디 자기 몸을 사랑하지 않을 수가 없습니다. 자기 몸도 아끼지 않으면서 어찌 군주를 사랑하겠습니까. 위나라 공자 개방이 제나라에 와서 군주를 섬긴 지가 십오 년이나 되었습니다. 제와 위가 멀지 않아 오가는 데 며칠 걸리지 않는데, 오랫동안 벼슬하려고 어머니를 버려둔 채 돌아가지 않고 있습니다. 제가 듣기로는 '때에 따라 억지로 꾸미는 것은 오래가지 않고, 속이 빈 것은 가리고 숨기려 하여도 오래 지탱하지 못한다'고 합니다. 바라옵건대 군주께서는 이 세 사람을 물리치십시오."

관중이 죽고 환공은 그의 말을 따르지 않았다. 그후 환공이 죽게 되자 그의 시신에서 나온 구더기가 집 밖으로 나오도록 장례를 치르지 못하였다.

어떤 이가 말하였다.

"관중이 환공에게 한 말은 법도를 터득한 사람의 말이 아니다. 관중이 수조와 역아를 물리치라고 한 이유는 자기 자신을 사랑하지 않고 군주의 마음에 맞추려고 했기 때문이다. 관중은 '자신도 아끼지 않으면서 어찌 군주를 아끼겠는가'라고 하였다. 그렇다면 군주를 위해 사력을 다하는 신하가 있더라도 관중은 등용하지 않으며 이렇게 말할 것이다. '목숨을 바치고 힘을 아끼지 않는 사람이 어찌 군주를 사랑할 수 있겠는가.' 이는 군주가 충신을 물리치기를 바라는 것과 같다.

또 관중은 자신을 사랑하지 않는다는 이유로 그들이 군주를 사랑하지 않으리라고 짐작한다. 그렇다면 관중도 공자 규糾를 섬기다 그를 위해 죽지 않고 환공에게 온 일이 있으니, 그가 환공을 위해서도 죽지 않을 것이라고 생각해야 한다. 관중도 물리쳐야 하는 범위에 있는 것이다. 현명한 군주는 이렇게 하지 않는다.

현명한 군주는 백성이 바라는 것을 마련해 주면서 공을 요구한다. 작위와 봉록을 걸고 공을 이룰 것을 권하고, 백성이 싫어하는 것을 마련하여 간악한 행동을 막는다. 형벌을 제정하여 백성들을 위협하는 것이다. 상은 어김없이 주고, 형벌은 반드시 내린다. 그러므로 군주는 공이 있는 자를 신하로 등용하고, 간악한 사람을 윗자리에 쓰지 않는다. 그렇게 한다면 비록 수조와 같은 사람이 있다 한들 군주를 어찌할 수 있겠는가."_ 난일(難一)

5-7.
군신관계는 이해관계다

또 어떤 이가 관중을 비판하며 말하였다.

"신하는 목숨을 걸고 힘을 다할 것을 내보이며 군주와 흥정하고, 군주는 작위와 봉록을 내보이며 신하와 흥정한다. 군주와 신하는 부자지간처럼 친근한 관계가 아니라 이해타산으로 맺어진 관계이다. 군주가 법과 원칙대로 해주면 신하는 있는 힘을 다하니 악이 일어나지 않는다. 그러나 군주가 법과 원칙을 지키지 않으면 신하가 위로는 군주의 지혜를 막고 아래로는 사욕을 채우게 된다. 관중은 이런 원칙을 환공에게 알려주지 않고 수조만을 물리치도록 하였으니, 그를 물리쳤어도 그와 같은 다른 사람들이 또 나타났을 것이다. 이는 악을 끊는 방법이 아니다.

환공이 죽었을 때 그의 시신에서 생겨난 구더기가 집

밖으로 나오도록 장례를 치르지 못한 것은 신하의 권세가 강했기 때문이다. 신하의 권세가 강하다는 것은 군주를 제멋대로 조종할 수 있다는 것이다. 군주를 제멋대로 조종하는 신하가 있으면 군주의 명령이 아래까지 이르지 못하고, 신하들의 실정이 군주에게까지 통하지 않는다. 이렇게 한 사람이 능히 군주와 신하들 사이를 분리할 수 있으면, 일의 성패와 나라에 근심이 되고 복이 되는 일이 군주에게 알려지지 않는다. 그 때문에 환공이 장례를 치르지 못하는 재앙이 나타나게 된 것이다.

현명한 군주는 이렇게 한다. 한 사람이 여러 자리를 겸직하게 하지 않고, 하나의 관직으로 여러 일을 겸하게 하지도 않는다. 신분이 낮은 사람이 신분이 높은 신하를 통하지 않고도 군주를 만날 수 있게 하고, 대신들이 측근들을 거치지 않고도 군주를 만날 수 있게 한다. 백관들이 군주와 거침없이 소통하고 신하들이 군주를 향하여 한데 모인다. 상을 받는 사람이 있으면 군주가 그 공을 살피고, 벌을 받는 자가 있으면 군주가 그 죄를 분간한다. 정황이 확실하게 밝혀져서 상과 벌이 잘못 내려지지 않는다면, 어찌 장례를 지내지 못하는 재앙이 있겠는가. 관중은 환공에게 이런 말을 분명히 하지 않고 단지 세 사람만 물리치라고

한 것이다. 그러므로 '관중은 법도를 터득하지 못하였다'고 말하는 것이다." _ 난일(難一)

5-8.
순이 백성들을 교화하는 동안 요임금은 무얼 했나

역산歷山의 농민들이 밭두둑을 침범하며 서로 다투었다. 순舜이 가서 농사를 지었더니 일 년이 되어 밭두둑의 경계가 바로잡혔다.

황하 인근에 사는 어부들이 어장을 두고 다투었다. 순이 가서 고기잡이를 하였더니 일 년이 되어 나이 많은 사람들에게 서로 어장을 양보했다.

동이東夷 땅에서 도자기를 만드는 사람들이 그릇을 약하게 만들었다. 순이 가서 그릇을 만들자 일 년 만에 그릇들이 단단해졌다.

이를 두고 공자가 감탄하여 말하였다.

"농사짓고, 고기잡고, 그릇을 만드는 일은 순이 맡은 일이 아니다. 그러나 순이 가서 그 일을 행한 까닭은 풍속을 바로잡기 위함이다. 참으로 순임금이 인자로

구나! 몸소 밭을 갈며 수고를 하니 백성들이 그를 따랐구나. 그러므로 '성인의 덕이 백성들을 교화시켰다'고 말하는 것이다."

이 이야기를 들은 어떤 이가 유학을 따르는 자에게 물었다.

"그때 요임금은 어디에 있었는가?"

그 사람이 말하였다.

"요임금은 천자였다."

"그렇다면 공자가 요임금을 성인이라 부르는 까닭은 무엇 때문인가. 성인은 군주 자리에 앉아 밝게 살펴서 천하에 간악한 일이 없게 하는 사람이다. 만약 그가 정치를 잘해 농사짓고 고기잡는 데 다툼이 없고, 도자기 그릇을 일그러지게 만들도록 하지 않았다면, 순이 또 무슨 덕을 베풀어 백성들을 감화시키겠는가. 고로 순을 현인이라 한다면 요는 밝게 살피는 성인이라 할 수 없고, 요를 성인이라 한다면 순이 덕으로 교화시키는 일은 불가능하다. 이 두 가지는 동시에 얻을 수 없는 일이다."

초나라 사람 중에 방패와 창을 파는 자가 있었다. 그가 자기의 물건들을 자랑하며 말하였다.

"내 방패는 단단하여 뚫을 수가 없습니다."

또 그 창을 자랑하며 말하였다.

"내 창은 날카로워 어떤 물건도 뚫지 못하는 것이 없습니다."

이 말을 듣고 어떤 이가 물었다.

"네 창으로 네 방패를 뚫으면 어찌 되는가?"

이에 그 사람이 대답하지 못하였다.

뚫을 수 없는 방패와, 뚫지 못하는 것이 없는 창은 동시에 존재할 수 없다. 지금 요와 순을 동시에 칭송할 수 없는 것도 이처럼 모순되기 때문이다.

또한 순이 풍속을 바로잡았다고 하는 이야기도 문제가 있다. 일 년 걸려 한 가지 잘못을 고치고, 삼 년 걸려 세 가지 잘못을 고쳤다는 것이니, 순의 교화에는 한계가 있는 것이다. 순의 수명엔 한계가 있어서 천하 모든 곳의 잘못이 멈출 때까지 살 수가 없다. 한계가 있는 몸으로 헤아릴 수 없이 많은 곳의 잘못들을 바로잡으려고 쫓아다니면 성과가 적을 것이다.

이에 비해 상벌이란 천하 사람들이 동시에 반드시 행하도록 만드는 것이다. 명령으로 "법에 맞는 일에는 상을 주고 법에 어긋나는 일에는 벌을 준다"고 한다면, 아침에 명령이 도착하면 저녁이면 백성들이 변하고, 저녁에 명령이 도착하면 아침이면 백성들이 변할 것이다. 그렇다면 열흘 만에 천하에 고루 다 미치게 될 것이다. 어찌 일 년을 기다리겠는가. 순은 이런 법술을 가지고 요임금을 설득하여 백성들이 따라오게 하지 않고, 자신이 몸소 행하였으니 術을 터득하지 못하였던 것이다.

이처럼 몸소 고생을 겪은 뒤에야 백성을 감화시키는 일은 요순도 하기 어려운 일이다. 한편 권세를 가지고 아랫사람을 바로잡는 일은 평범한 군주도 쉽게 할 수 있는 일이다. 장차 천하를 다스리려고 하면서 평범한 군주도 하기 쉬운 방법을 버려두고 요순도 하기 어려운 일에 매달린다면, 나라를 함께 다스릴 수 없을 것이다. _ 난일(難一)

『한비자』(韓非子) 원 체재

초견진편初見秦篇

존한편存韓篇

난언편難言篇

애신편愛臣篇

주도편主道篇

유도편有度篇

이병편二柄篇

양권편揚權篇

팔간편八姦篇

십과편十過篇

고분편孤憤篇

세난편說難篇

화씨편和氏篇

간겁시신편姦劫弑臣篇

망징편亡徵篇

삼수편三守篇

비내편備內篇

남면편南面篇

식사편飾邪篇

해로편解老篇

유로편喩老篇

설림 상편說林 上篇

설림 하편說林 下篇

관행편觀行篇

안위편安危篇

수도편守道篇

용인편用人篇

공명편功名篇

대체편大體篇

내저설 상편 칠술內儲說 上篇 七術

내저설 하편 육미內儲說 下篇 六微

외저설 좌상편外儲說 左上篇

외저설 좌하편外儲說 左下篇

외저설 우상편外儲說 右上篇

외저설 우하편外儲說 右下篇

난1~4편難一~四篇

난세편難勢篇

문변편問辯篇

문전편問田篇

정법편定法篇

설의편說疑篇

궤사편詭使篇

육반편六反篇

팔설편八說篇

팔경편八經篇

오두편五蠹篇

현학편顯學篇

충효편忠孝篇

인주편人主篇

칙령편勅領篇

심도편心度篇

제분편制分篇